Elke Pohl

Keine Panik vor Blackouts

Elke Pohl

Keine Panik vor Blackouts

Wie Sie Bewährungsproben meistern

GABLER

Bibliografische Information der Deutschen Nationalbibliothek
Die Deutsche Nationalbibliothek verzeichnet diese Publikation in der
Deutschen Nationalbibliografie; detaillierte bibliografische Daten sind im Internet über
<http://dnb.d-nb.de> abrufbar.

1. Auflage 2010

Alle Rechte vorbehalten
© Gabler Verlag | Springer Fachmedien Wiesbaden GmbH 2010

Lektorat: Irene Buttkus

Gabler Verlag ist eine Marke von Springer Fachmedien.
Springer Fachmedien ist Teil der Fachverlagsgruppe Springer Science+Business Media.
www.gabler.de

Umschlaggestaltung: KünkelLopka Medienentwicklung, Heidelberg
Druck und buchbinderische Verarbeitung: MercedesDruck, Berlin
Gedruckt auf säurefreiem und chlorfrei gebleichtem Papier
Printed in Germany

ISBN 978-3-8349-2339-4

Vorwort

Wer kennt sie nicht, die Angst, in schwierigen Studien- oder beruflichen Situationen zu versagen? Während ein gesundes Maß an Aufregung normal und sogar hilfreich ist, um angesichts besonderer Herausforderungen Kräfte zu mobilisieren, kann übersteigerte Angst zu schwerwiegenden Blockaden, zu Isolation und sogar zu ernst zu nehmenden Krankheiten führen. Während manche von uns Bewährungssituationen wie Prüfung, Schreiben einer wissenschaftlichen Arbeit, Vortrag auf einem großen Kongress oder Präsentation einer Projektgruppenarbeit vor dem Vorstand des Unternehmens als positive Herausforderung annehmen, lösen sie bei anderen geradezu Panikattacken aus.

Warum ist das so? Und: Was können Betroffene tun, um ihre negativen Erwartungen und Fantasien soweit in den Griff zu bekommen, dass sie positiv an die bevorstehende Aufgabe herangehen können? Wann ist Angst vor unbekannten oder unangenehmen Anforderungen normal, ab wann ist sie hinderlich oder gar schädlich? Was tun, wenn Verhaltensmuster wie Zwangshandlungen den studentischen oder beruflichen Alltag so weit beeinträchtigen, dass Fortschritte und Erfolge gefährdet oder sogar unmöglich sind?

Mit diesen und vielen weiteren spannenden Fragen rund um psychologische Probleme des Studien- und Berufsalltags will sich dieser Ratgeber befassen und dabei Strategien aufzeigen, wie trotz einem dieser „Handicaps" Ziele in Angriff genommen und erfolgreich bewältigt werden können. Er will aber auch darauf aufmerksam machen, dass in manchen Fällen eigene Bewältigungsstrategien nicht mehr helfen, sondern professionelle Hilfe unerlässlich ist.

Tauchen Sie mit uns ein in die Welt der herausfordernden Situationen, wie sie jeder von uns zu bewältigen hat. Nicht in jedem Fall kann dieser Ratgeber die exakte wissenschaftliche Lehrmeinung wiedergeben. Er will nur Anregungen geben, was jeder selbst tun kann und wo er weitergehende Unterstützung bekommt. Viel Spaß beim Lesen!

Berlin, im Juni 2010   Elke Pohl

Inhalt

1. Richtiger Stress ist nützlich

Viele psychische Probleme während Studium und Beruf haben mit einem Problem zu tun, das uns praktisch von Kindheit an begleitet: dem Phänomen Stress. Stress ist ein Schlagwort, ja fast eine Modeerscheinung. Nur wer immer viel zu tun, nie Zeit und volle Terminkalender hat, scheint wichtig zu sein und wirklich gebraucht zu werden. Nur wer viel arbeitet und entsprechend gestresst ist, hat seine Daseinsberechtigung. Das ist natürlich stark überspitzt und trifft sicher nicht auf alle Menschen zu. Aber es illustriert eine gesellschaftliche Tendenz. Stress kann wie eine Sucht werden, wie eine Droge, ohne die das Leben weniger lebenswert wirkt. Wenn der Stress dann andere Lebensbereiche wie Familie und Freizeit infiziert, sollte dringend über Alternativen nachgedacht werden.

Eigentlich und ursprünglich ist Stress eine körperliche Reaktion auf eine aktuelle Bedrohung. Die Gefahr versetzt den Körper in Alarmbereitschaft und aktiviert zusätzliche Energien. Wer etwa im Dunkeln plötzlich verdächtige Schritte hinter sich hört, bekommt Herzrasen, Schweiß bricht aus, die Haare stehen zu Berge. Neben der Angst entsteht aber zugleich das vernünftige Bedürfnis wegzurennen – zu flüchten. Und die Stressreaktion stellt die dazu notwendige Energie zur Verfügung, spannt wie von selbst die Muskeln und verhilft zur schnellen Reaktion. Wer sehr mutig ist, dreht sich vielleicht um und fragt den Fremden, warum er ihn verfolgt. Er ist auf das Gegenteil von Flucht eingestellt – auf Kampf. Zumindest der Körper signalisiert: Ich bin bereit für einen ordentlichen Faustschlag. Ein verbaler Schlagabtausch kann diesen handgreiflichen Ausbruch ersetzen und dafür sorgen, dass der Körper die aufgestaute Energie wieder verbraucht. Ob Flucht oder Kampf: Die bedrohliche Situation ist bewältigt, der Körper konnte sich verausgaben, Energie abbauen und gelangt so wieder auf sein normales Level.

Bis hierhin ist Stress vollkommen in Ordnung. Er bringt den „Motor" ab und an auf Hochtouren, testet, ob er auf Vollgas ordentlich reagiert. Anschließend wird der Fuß allerdings wieder vom Gaspedal genommen und es wird gemächlich bei 60 km/h weitergefahren. Gefährlich wird Stress erst dann, wenn die Pausen zwischen den Stressschüben zu kurz sind oder ganz wegfallen. Stellen Sie sich vor, Sie fahren den ganzen Tag mit Vollgas. Nicht nur, dass Sie viel Benzin verbrauchen, der Motor läuft außerdem heiß und Verschleißteile nutzen sich schneller ab. Irgendwann bleiben Sie mit dem Wagen garantiert liegen.

Auch Menschen, die unter Dauerbeanspruchung oder Dauerstress stehen – egal ob die Situation wirklich dauerhaft bedrohlich ist oder nur so empfunden wird –, laufen ständig auf Hochtouren. Es gibt keine oder nicht ausreichend lange Erholungs- und Entspannungsphasen. Während kurzzeitiger Stress zu einer Entscheidung und damit zur Handlung, zur Anpassung und schließlich zur Weiterentwicklung führt, lähmt Dauerstress die Handlungsfähigkeit des Betroffenen. Körper und Geist sind erschöpft bis auf die letzte Reserve und lechzen nach Entspannung. Der Akku ist leer, müsste dringend nachgeladen werden, aber dafür fehlen Zeit und Gelegenheit. Der Stress hat sich praktisch verselbstständigt und führt ein gnadenloses Eigenleben. Dauergestresste leiden daher nicht nur unter Erschöpfung und Übermüdung, sie sind auch weniger konzentriert und machen Fehler. Sie haben das Gefühl, die Kontrolle zu verlieren, reagieren wahrscheinlich mit dem Versuch, die Situation wieder in den Griff zu bekommen, was ihnen aber immer weniger gelingt. Dabei bleibt die Erholung völlig auf der Strecke, was wiederum die Beanspruchung weiter erhöht. Ein Teufelskreis, aus dem nur herauskommt, wer das Problem Stress ganz bewusst und gezielt angeht.

1.1   Nicht jede Anspannung ist Stress

Stress ist nur eine mögliche psychische Reaktion auf andauernde Belastungen und psychische Fehlbeanspruchungen. Wahrscheinlich bezeichnen Sie sich manchmal als gestresst, wenn Sie nur ermüdet oder wegen einer eintönigen Arbeit genervt sind. Deshalb nachfolgend eine kurze Übersicht anderer psychischer Fehlbeanspruchungen. Überschneidungen sind hier und dort nicht zu vermeiden.

Monotonie tritt oft bei psychischer Unterforderung auf, etwa wenn für die Erledigung einer Arbeit zu viel Zeit eingeräumt wird, die Arbeit selbst eintönig ist oder als unwichtig empfunden wird. Der Betreffende muss sich nur wenig auf die Arbeit konzentrieren und gerät in einen Zustand verminderter Aktivität. Er wird schläfrig, döst vor sich hin. Wird die Arbeit gewechselt, das Tempo erhöht oder anders als bisher gewertet (Aufwertung), kann sich der Zustand schlagartig ändern. Monotonie kann leicht in Ermüdung übergehen, wenn man ständig gegen die Schläfrigkeit ankämpft.

Auch psychische Ermüdung ist mit einem Leistungsabfall verbunden, allerdings infolge einer Überforderung oder gar Ausschöpfung des Leistungsvermögens. Eine andere Tätigkeit ändert daran ebenso wenig wie eine Erhöhung des Arbeitstempos. Was hilft, ist eine erholsame Pause.

Psychische Sättigung lässt sich von Monotonie und Ermüdung gut abgrenzen, da es sich hierbei nicht um Aktivitätsverlust, sondern um einen Zustand der Gereiztheit, der unlustbetonten Anspannung handelt. Auslöser kann eine als sinnlos empfundene Arbeit sein bzw. eine Arbeit, deren Sinn vom Ausübenden nicht erkannt wird.

Echter Stress schließlich wird als komplexe Reaktion auf Fehlbeanspruchungen bezeichnet, die als unannehmbar bis bedrohlich erlebt werden, konflikthaft sind und aus extremer Überforderung, aber auch aus Unterforderung des Leistungsvermögens, aus dem Infragestellen persönlich bedeutsamer Ziele oder aus unklaren bzw. widersprüchlichen Anforderungen entstehen. Daraus entstehen negative Emotionen, die sich in Unruhe und erregt-ängstlicher Anspannung äußern. Sie gehen mit stark erhöhter Aktivität und gestörter Rückbildung von

Erregungszuständen einher, was zu erheblich eingeschränkter Erholung führt.

Burnout oder Ausgebranntsein ist eine Form der geistigen und emotionalen Erschöpfung, besonders als Folge langer Arbeit unter emotional belastenden Umständen. Folgen dieses ernsten Zustands sind nicht nur der Verlust an Energie und totale Erschöpfung, sondern nachlassendes Engagement des Betroffenen bis hin zum Abstumpfen gegenüber den Dingen, die das Burnout ausgelöst haben. Es tritt oft in Bereichen auf, in denen sich Menschen um andere Menschen kümmern, etwa im Pflegedienst. Burnout beschreibt eine langfristige Beeinträchtigung von körperlichem und seelischem Befinden und Leistungsfähigkeit und ist eng verwandt mit der chronischen Form der Ermüdung, der Erschöpfung.

1.2 Stress entsteht durch die emotionale Bewertung einer Situation

Eine Anforderung im Job oder an der Universität, und mag sie noch so schwierig sein, ist selbst noch kein Stress. Das möge folgendes Beispiel verdeutlichen:

Ein Wissenschaftler mit Erfolgen auf dem Gebiet der Kernphysik und erfahren auf internationalem Parkett und der unerfahrene, noch unsichere Absolvent einer naturwissenschaftlichen Fakultät werden unabhängig voneinander gebeten, in Großbritannien an einem Fachkongress teilzunehmen und einen Vortrag in englischer Sprache zu halten. Die Anforderung selbst ist zunächst wertneutral. Der erfahrene Physiker weiß aus Erfahrung, dass er diese Aufgabe meistern wird, und empfindet sie als weitere Herausforderung seiner erfolgreichen Karriere. Die Freude darüber, dort andere Wissenschaftler zu treffen und für seine berufliche Entwicklung profitieren zu können, dominiert.

Der Absolvent hingegen soll zum ersten Mal an einem hochdotierten Fachkongress teilnehmen. Wird sein Fachenglisch den hohen Anforderungen gerecht werden können? Ist er fachlich überhaupt schon so weit, um dort vor Professoren und anderen Kapazitäten sprechen zu können? Die Angst zu versagen und die an hohen Erwartungen nicht erfüllen zu können, ist beherrschend. Durch diese Bewertung der Situation entstehen negative Emotionen, Angespanntheit und Angst. Stress pur!

Beide Personen haben eine ganz persönliche Beziehung zu der Situation entwickelt, sie bewertet. Damit bekommt die Aufgabe einen persönlichen Sinn, der bei zwei Menschen unterschiedlich, ja entgegengesetzt sein kann. Sie denken über die Möglichkeit nach, wie die Aufgabe bewältigt werden kann (kognitiver Aspekt) und bewerten sie zugleich gefühlsmäßig (emotionaler Aspekt). Etwa folgendermaßen: Eigentlich kann ich ganz gut englisch sprechen und verstehen, aber ich fühle mich trotzdem unsicher und ängstlich. Selbst dann, wenn man sich nicht bewusst darüber wird, ob und wie die Aufgabe erledigt werden kann, wird sie emotional gewertet.

Besonders beunruhigende Gefühle schwingen mit, wenn

- keine Kontrollmöglichkeit besteht, also an Situationen, die beängstigende Gefühle hervorrufen, nichts geändert werden kann,
- die Bewältigung des Auftrages von Unterbrechungen gestört wird, die nicht zu beeinflussen sind,
- die vermeintliche Bedrohung so unrealistisch hoch eingeschätzt wird, dass weder Teilziele noch Strategien zu ihrer Erreichung erarbeitet werden können,
- man selbst oder jemand anderer die Ergebnisse der eigenen Arbeit als negativ einschätzt,
- es keine oder stark verzögerte Rückmeldungen auf eigene Handlungen gibt.

Stress und Angst gibt es also immer dann, wenn Betroffene

- eigene Ziele nicht erreichen und wichtige Bedürfnisse nicht befriedigen können,

■ extreme Widersprüche zwischen geistigen, körperlichen oder sozialen Anforderungen einerseits und ihrem vorhandenen individuellen Leistungsvermögen spüren,

■ in Situationen geraten, in denen sie belastenden Umständen weder ausweichen noch durch eigenes Handeln etwas daran ändern können.

Fazit:

Von Stress spricht man, wenn Menschen

■ ein Ungleichgewicht zwischen Anforderungen und eigenem Können oder Wollen empfinden,

■ in der geistigen und emotionalen Bewertung der bedrohlichen Situation eine Gefährdung ihrer persönlichen Ziele und Werte sehen und

■ insgesamt emotional negativ gestimmt und von einer ängstlich-erregten Gespanntheit ergriffen sind.

Sie können der belastenden Situation weder ausweichen noch durch Handeln die Situation ändern. Die Betroffenen glauben, die Kontrolle zu verlieren oder schon verloren zu haben.

1.3 Typ-A-Verhalten oder: Menschen, die den Stress regelrecht anziehen

Bei dem Versuch, Stress und stressbedingte Krankheiten zu erklären, sind Wissenschaftler schon frühzeitig über einen besonderen Menschentyp gestolpert, der für Stress besonders anfällig zu sein scheint. Er zeigt ein spezielles, gehetzt und getrieben wirkendes Verhaltensmuster und ist anfällig für Herzerkrankungen.

■ Kennzeichnend für diesen „Typ-A"-Charakter sind folgende Prägungen und Verhaltensmuster:

■ labiles Selbstwerterleben,

- geprägt durch Leistungsorientierung und hohe Bewertung beruflichen Erfolgs,
- permanenter Selbstzwang zur Erfüllung (zu) hoch gesteckter Ziele, die mit Perfektionismus und Akribie erfüllt werden müssen,
- der Zwang zu Erfolg und harter, schneller Arbeit führen unausweichlich zu Hektik, Ruhelosigkeit, Ungeduld, Wachsamkeit, Misstrauen,
- ausgeprägtes Konkurrenzverhalten, Neigung zu Aggressivität und Feindseligkeit zu anderen Menschen, Verlust von sozialem Halt,
- Streben nach Unabhängigkeit und Macht über andere Menschen,
- explosives Sprechen, gespannte Gesichtsmuskeln und
- das Gefühl, ständig unter dem Druck von Zeit, Erfolg und Verantwortung zu stehen.

Solche Menschen werden oft als „Workaholics" bezeichnet und vernachlässigen neben der Arbeit andere wichtige Lebensbereiche (siehe auch Kapitel 9). Sie begeben sich sowohl in berufliche als auch private Isolation. Durch das Erleben ständigen beruflichen Ungenügens und Versagens – was bei den überhöhten Zielen kein Wunder ist – und durch ihre Einsamkeit empfinden sie einen Rückgang ihres ohnehin geringen Selbstwertgefühls. Das wiederum löst einen erneuten Schub an Bemühungen um Anerkennung aus, wodurch sich der Zyklus auf höherem Niveau wiederholt.

Dieser Veranlagung oder erziehungs- und entwicklungsbedingten Stressanfälligkeit muss sich niemand schicksalsergeben beugen! Jeder ist für sich selbst verantwortlich und kann deshalb auch für stressmindernde Maßnahmen sorgen:

1. **Ziele/Planung: Stellen Sie sich selbst realistische, nicht überhöhte Ziele! Lernen Sie, Ihre Arbeit nach Prioritäten zu planen, den Zeitdruck aus Ihrer Arbeit zu nehmen und bewusst Pausen einzulegen.** Unnötiger Zeitdruck wird beispielsweise erzeugt, wenn Literatur für die Prüfungsvorbereitung zu spät bestellt wird und nicht rechtzeitig vorliegt. Daher gilt: Voraus-

schauend planen und nicht erst auf den „letzten Drücker" beginnen. Diese Mühe zahlt sich aus!

2. **Tätigkeit: Bitten Sie um regelmäßige Bewertung Ihrer Arbeit. Versuchen Sie, so flexibel und individuell wie möglich zu arbeiten oder zu lernen. Unterteilen Sie selbst Ihre Arbeit in Teilschritte, über deren Erreichung Sie sich freuen können. Versuchen Sie, nicht um jeden Preis eine bestimmte Aufgabe auch gegen Widerstände und mit Gewalt zu Ende zu führen, sondern nehmen Sie sich parallel dazu eine andere Aufgabe vor, die Sie im Moment besser erledigen können.**

3. **Kooperation: Gehen Sie ganz bewusst in Teams und versuchen Sie dort, sich anzupassen und Ihr übermäßiges Dominanzstreben in den Griff zu bekommen. Seien Sie sensibel für die Probleme Ihrer Kollegen und Kommilitonen. Machen Sie sich mit Methoden zur Bewältigung sozialer Konflikte vertraut, um Ihre Aggressivität und Feinseligkeit zu beherrschen. Sprechen Sie in Konfliktsituationen problemorientiert mit Ihren Kollegen. Seien Sie sachlich bei Kritik.**

Im Folgenden geht es um einige typische psychische Probleme, wie sie in Studium und Beruf vielfach auftreten. Sie alle haben ein enormes Stresspotenzial, weil sie von den Betroffenen als unbeherrschbar und unkontrollierbar empfunden werden. Dennoch ist man ihnen meist nicht hilflos ausgeliefert, sondern kann mit entsprechenden Strategien gegensteuern bzw. sich der richtigen professionellen Hilfe versichern.

2. Schreibblockaden: leerer Kopf und leeres Blatt

Wer schon einmal verzweifelt vor einem leeren Blatt Papier saß und in seinem scheinbar ebenso leeren Kopf vergeblich nach den passenden Formulierungen suchte, der weiß, wovon in diesem Kapitel die Rede ist: von Schreibschwierigkeiten und Schreibblockaden. Wer davon befallen ist, wendet jede nur denkbare Taktik an, um sich nicht an den Schreibtisch setzen zu müssen. Vom großen Hausputz über „dringende" Einkäufe bis hin zum wiederholten Plündern des Kühlschranks ist jede Ablenkung recht. Mehr als staubfreie Räume, leere Portmonees und Pfunde auf den Hüften kommt dabei allerdings nichts heraus. Vor allem geht es mit der überfälligen Haus-, Semester- oder gar Abschlussarbeit keinen Schritt voran. Dabei bieten viele Hochschulen Hilfe nicht nur für solche akuten Notsituationen, sondern auch vorbeugende Maßnahmen.

2.1 Ursachen

„Mit dem Schreiben hat fast jeder irgendwann einmal Probleme", weiß Dr. Helga Esselborn vom Kölner Schreibzentrum. Als promovierte Germanistin und langjährige Dozentin am germanistischen Institut der Universität Köln kennt sie die Probleme der Studierenden; als Autorin zahlreicher Unterrichtsmaterialien zum Thema „Schreiben" hat sie selbst große Stoffmengen zu bewältigen und gut verständlich aufzubereiten. Sie weiß also, wovon sie spricht, wenn sie sagt: „Es sind nicht in erster Linie stilistische Fragen, die Schreibende zur Verzweiflung treiben. Vielmehr gelingt es oftmals nicht, dem Thema eine Struktur zu geben. Wer glaubt, sich nicht ausdrücken zu können, leidet deshalb in Wirklichkeit meist darunter, dass er nicht weiß, was er eigentlich sagen will."

Damit ist das Dilemma auf einen einfachen Nenner gebracht: Schreibprobleme haben weniger mit dem eigentlichen Formulieren zu tun, sondern treten immer dann auf, wenn im Kopf Chaos herrscht und brauchbare Techniken fehlen, die Ordnung schaffen und den Gedanken eine Richtung geben. Das Chaos wird durch vielerlei Ursachen hervorgerufen. Die wichtigsten sind:

■ **Perfektionismus:** Wenn der Schreiber glaubt, bereits im ersten Anlauf einen perfekten wissenschaftlichen Text abliefern zu müssen, ist er auf einem verhängnisvollen Weg. Texte entstehen in vielen Teilschritten. Jeder Verfasser darf sich mehrere Bearbeitungs- und Verbesserungsrunden gönnen. Der Wunsch, komplexe Gedanken auf Anhieb inhaltlich richtig, logisch und überzeugend sowie sprachlich brillant zu Papier zu bringen, führt zwangsläufig an die eigenen Grenzen.

■ **Unklares oder zu weit gefasstes Thema:** Wer versucht, das Thema einer Hausarbeit „allumfassend" zu behandeln, findet keinen roten Faden, an dem sich seine Abhandlung orientieren kann. Er kommt vom Hundertsten ins Tausendste, sowohl beim Literaturstudium als auch – falls er überhaupt so weit kommt – beim Schreiben. Ohne klare, eingegrenzte Fragestellung, die die Arbeit beantwortet, bringt man entweder gar nichts zu Papier, da einen die Informationsflut förmlich hinwegspült. Oder die Arbeit wird so voluminös und undifferenziert, dass ihr Informationswert unter Umständen kaum besser ist.

■ **Zu langes Lesen:** Viele Studierende wollen vor dem Verfassen des Textes erst einmal „so viel wie möglich" lesen, um die Arbeit dann am Stück herunterzuschreiben. Dabei wird vergessen, dass das Schreiben selbst zum Erkenntnisgewinn führt und nicht nur die bereits vorhandenen Gedanken abbildet. Außerdem besteht die Gefahr, dass die gesamte vorhandene Zeit mit Lesen verbracht wird und viel zu viel Material angehäuft wird, das dann gar nicht verarbeitet werden kann.

■ **Fehlende Planung:** Da Schreiben ein komplexer, vielschichtiger Prozess ist, sollte er in kleine Einzelschritte unterteilt und zeitlich geplant werden. Wenn man sich konkrete Termine setzt, vermeidet man zum Beispiel überlanges Literaturstudium oder stundenlanges Suchen nach der optimalen Formulierung. Stilistische Feinheiten etwa können in der Überarbeitungsphase am Schluss des Schreibprozesses eingearbeitet werden, wenn der Inhalt steht.

2.2 Hilfreiche Methoden

Wer am Beginn einer wissenschaftlichen Abhandlung oder eines anderen Textes steht, fühlt sich nicht selten wie ein Gast vor einem angesagten Club. Das leere Blatt auf dem PC grinst voller Hohn, jeder Gedanke, jedes Wort wird zurückgewiesen, kein Argument zieht und es wird von Minute zu Minute deutlicher: Der Zugang ist versperrt, der Türsteher verwehrt den Eingang. Dieses Gefühl kennen Schüler beim Aufsatz, Studenten vor der Hausarbeit, Berufstätige vor einem Bericht an den Chef, Journalisten vor dem Artikel, Schriftsteller vor der Erzählung oder dem Roman. Selbst berühmte Dichter wie Kafka oder Dostojewski wurden zeitweise davon heimgesucht. Dennoch haben sie bleibende Literatur geschaffen. Also muss es Auswege geben.

Sinnvolle Vorbereitung

Wichtigste Voraussetzung ist eine sinnvolle Vorbereitung. Vollständige, gut sortierte Aufzeichnungen, Exzerpte von gelesenen Texten und Ähnliches geben das gute Gefühl, beim Lesen, Nachdenken und Schreiben nicht bei null anfangen zu müssen. Wer also nicht erst kurz vor der Hausarbeit oder vor dem Referat mit der Recherche beginnt, sondern bereits über einen Wissensfundus verfügt, gerät meist gar nicht erst in Panik. Zur Vorbereitung gehört natürlich auch eine vernünftige Gliederung dessen, was im Text stehen soll. Wer etwa 20 oder 50 Seiten Hausarbeit schreiben oder eine halbe Stunde sprechen soll, muss sich beschränken. Diese Gliederung muss nicht vollständig oder detailliert sein, sondern soll nur den roten Faden bilden. Auch der Zeitpunkt, zu dem man mit dem Schreiben einer wichtigen Arbeit beginnt, kann entscheidend sein. Liegt der Abgabetermin in zu weiter Ferne, kann man versucht sein, die Sache noch ein wenig vor sich herzuschieben (siehe auch Kapitel 4). Steht er unmittelbar bevor, kann der Zeitdruck zu Panikattacken und damit zu Schreibblockaden führen.

Beginnen Sie mit dem zweiten Schritt!

Oft beschränken sich Schreibhemmungen auf den Anfang einer Arbeit. Man meint, dieser muss besonders gut formuliert sein und wird diesem Anspruch partout nicht gerecht. Dann kann es helfen, einfach mit dem 2. Kapitel zu beginnen bzw. weiterzumachen. Viele Buchautoren wissen, dass die Einleitung eines Werkes auch sehr gut ganz zum Schluss geschrieben werden kann. Einfach deshalb, weil man nach dem Prozess des Schreibens vollkommen mit dem Thema vertraut ist und erst dann eine gute erste Seite gelingt. Es ist auch ein weit verbreiteter Irrtum zu glauben, dass der Text gleich beim ersten Mal perfekt sein muss. „Meiner Ansicht nach bedeutet Schreibhemmung nicht", so erklärt der österreichische Krimiautor Stefan Slupetzky[1], „dass einem nichts mehr einfällt oder man nicht mehr formulieren kann, sondern dass man seinen möglichen Ergüssen mit einem Schlag negativ und überkritisch gegenübersteht. Man hat das Gefühl, nichts wird gut genug sein, nichts kann bestehen, also fängt man erst gar nicht an." Sein Tipp: Einfach mit dem Schreiben beginnen, auch wenn es nicht perfekt ist. „Das kann alles hinterher repariert werden." Die Erfahrung zeigt: Ist der Anfang gemacht – und wenn er mittendrin ist – fällt der Rest nur noch halb so schwer. Sind die Gedanken erst einmal intensiv auf das Thema der Arbeit gerichtet, kommen beim Schreiben weitere gute Ideen und Anregungen und der Schreibprozess bekommt eine eigene Dynamik.

---

1   Ilona Mayer-Zach: Schreibhemmung adé! Krimiautoren geben praktische Tipps, krimis-thriller.suite101.de

Erlaubt ist, was funktioniert!

Nicht unwichtig ist auch die Schreibumgebung. Jeder muss selbst herausfinden, ob für ihn der nüchterne PC-Arbeitsplatz am Schreibtisch oder der Laptop im Café besser geeignet ist. Erlaubt ist, was funktioniert! Manchmal hilft es, die Kontakte zur Außenwelt für eine bestimmte Zeitspanne zu kappen, um nicht der Versuchung zu erliegen, sich ablenken zu lassen. Beate Maxian[2], ebenfalls Krimiautorin, schwört auf folgendes Rezept: „Ich koche mir eine große Kanne Tee und starte meinen Laptop. Mit dem setze ich mich in ein anderes Zimmer – immer auf den gleichen, gemütlichen Platz." Hier gibt es keine E-Mails, kein Internet, kein Telefon und kein Handy. „Durch dieses bewusste Abschalten tauche ich in eine eigene Schreibwelt ein, aus der mich keine wichtigen Nachrichten oder Informationen herausreißen."

Aufhören, wenn's am besten klappt

Andere professionelle Schreiber schwören auf die Methode, mit dem Schreiben immer dann für diesen Tag aufzuhören, wenn es gerade gut läuft. Dann braucht man sich am nächsten Tag nicht vor dem Start zu fürchten, sondern kann einfach den gestern begonnenen Gedanken weiterführen.

An etwas anders denken

Als Vorbereitung auf eine Schreibarbeit kann es hilfreich sein, andere Texte zu lesen. Nicht nur wissenschaftliche oder artverwandte, sondern auch Zeitschriftenartikel oder eine Kurzerzählung können den Geist anregen und in Schwung bringen. Dabei geht es nicht darum, Stil oder Methodik zu kopieren, sondern sich Anregungen zu holen. Eine andere Möglichkeit, Schreibblockaden aufzulösen, besteht darin, möglichst viel zu schreiben. Nicht an der bewussten Arbeit, sondern unbeschwert – Briefe, Tagebuch, Gedanken zu einem belie-

---

2 Ilona Mayer-Zach: Schreibhemmung adé! Krimiautoren geben praktische Tipps, krimis-thriller.suite101.de

bigen Thema. Warmschreiben nennt man diese Methode, die mit dem täglichen Training eines Sportlers zu vergleichen ist und dazu führt, dass die Angst vor dem leeren Blatt verfliegt.

2.3. Wissenschaftliches Schreiben

Wissenschaftliches Schreiben als Technik und Schlüsselqualifikation kann erlernt werden. In den Studienplänen sucht man in der Regel allerdings vergeblich nach einem entsprechenden Seminar. Zwar stehen Methoden des wissenschaftlichen Arbeitens in vielen Studienprogrammen. Wie dies allerdings umgesetzt und auf das Schreiben angewendet werden kann, bleibt oft schleierhaft. Daher stehen viele Studierende vor dem Problem, dass von ihnen eine Kompetenz erwartet wird, die sie weder in der Schule noch auf der Hochschule erwerben konnten. Genau dieses fehlende Bindeglied wollen die Schreibzentren, Schreiblabore und Schreibwerkstätten sein, die sich an immer mehr Universitäten und Fachhochschulen gründen. Meistens sind sie der germanistischen oder philosophischen Fakultät oder dem Studentenwerk zugeordnet.

Schreibzentrum Köln

In Köln startete das Schreibzentrum 1997 als kostenloses Serviceangebot an Studierende aller Fachbereiche auf Initiative von Dr. Esselborn an der philosophischen Fakultät. Inzwischen wurde es dem Studentenwerk zugeordnet. Besonders beliebt sind die Kompaktkurse „Crashkurs für Examenskandidaten" und „Grundlagen wissenschaftlichen Schreibens". Sie dauern drei mal vier Unterrichtsstunden, sind auf maximal 15 Teilnehmer ausgelegt und kosten lediglich 22 bzw. 30 Euro. Dafür vermitteln sie die wichtigsten Techniken und Arbeitsschritte, die dafür sorgen, dass Schreiben stressfrei von der Hand geht und unter Umständen sogar Spaß macht. Themen sind unter anderem:

- Planung von Arbeitsschritten und Zeitplanung,
- Thema eingrenzen und ausloten,

- richtiger Umgang mit wissenschaftlicher Literatur,
- Strukturen finden, Ordnung in Gedanken bringen, Wichtiges herausfiltern,
- Argumentation entwickeln,
- Gliederungsmodelle,
- Finden und Durchhalten des roten Fadens,
- Einleitung und Schluss der Arbeit,
- Überarbeiten der Rohfassung.

Weitere Infos unter www.schreibzentrum-koeln.de.

„Schreiblabor" der Universität Bielefeld

Zu den ältesten Initiativen auf dem Gebiet des Schreibtrainings gehört das „Schreiblabor" der Universität Bielefeld. Auch seine Existenz ist den Bemühungen einer engagierten Akademikerin zu verdanken. Die promovierte Pädagogin Andrea Frank lernte während einer USA-Reise die dort an den Universitäten und Colleges üblichen „writing centers" kennen und initiierte daraufhin vor Jahren nach diesem Vorbild das Schreiblabor. Geleitet wird es heute von Stefanie Haacke, die von drei Mitarbeitern unterstützt wird. Die geförderten Fähigkeiten – neben dem Verfassen von Texten auch das Halten von Referaten, Moderieren, Recherchieren, Diskutieren, Arbeiten an Projekten und der Einsatz von Medien – ermöglichen nicht nur ein besseres und zügigeres Studieren. Sie werden zudem so vermittelt und trainiert, dass sie später auf berufliche Anforderungen übertragen werden können.

Die vom Bielefelder Schreiblabor angebotenen „Workshops für Hausarbeiten" richten sich an Studierende im Grund- und im Hauptstudium, die schon erste Schreiberfahrungen im Studium gesammelt haben. Es sind zweitägige Kompaktkurse, die nicht nur die verschiedenen Arbeitsschritte beim Schreiben von Studienarbeiten und grundlegende Schreib- und Arbeitstechniken vermitteln. „Sie machen durch Übungen auch erlebbar, dass man eine Studienarbeit – anknüpfend an die eigenen Fähigkeiten – in kleinen Schritten bewältigen kann", meint Stefanie Haacke. „Zu den einzelnen Arbeitsschritten werden entsprechende Techniken vorgestellt und geübt und eigene Schreiberfahrungen im Austausch mit anderen reflektiert. Die Übungen helfen, typische Schreibschwierigkeiten in der wissenschaftliche Arbeit zu vermeiden bzw. zu überwinden." Ebenfalls zweitägig sind die Angebote „Workshop für Bachelor-, Master-, Magister- und Diplomarbeiten", die sich an Studierende in der Examensphase richten. In den offenen Sprechstunden, die an zwei Tagen in der Woche stattfinden, können alle Interessierten ihre Fragen zum Schreiben klären. Das Schreiblabor unterstützt Studierende auch, wenn sie eigene Schreibgruppen gründen möchten.

Weitere Infos unter www.uni-bielefeld.de/Universitaet/Studium/SL_ K5/slab.

Das Schreiblabor Bielefeld zu den Ursachen von Schreibblockaden

Man hat sich zu viel auf einmal vorgenommen, will zu unmittelbar vom Lesen der wissenschaftlichen Literatur zum Schreiben des eigenen Textes übergehen: Der Versuch, komplexe Gedanken gleichzeitig zu entwickeln und dabei auf Anhieb in inhaltlich differenzierter, logisch nachvollziehbarer und sprachlich ausgefeilter Form darzustellen, führt häufig zu Stockungen. Hier hilft es, einen Gang herunterzuschalten, in kleinen Schritten vorzugehen und – scheinbar – Umwege zu machen. Umwege, die darin bestehen, zuerst einmal Auszüge aus der Literatur zu erstellen, dabei den Sinn des Gelesenen für sich selbst zu klären und eigene Gedanken dazu zu entwickeln, die man wiederum erst einmal nur für sich selbst aufschreibt, um dabei herauszufinden, was man in einer ersten, möglicherweise noch schlecht formulierten Fassung seiner Arbeit schreiben kann und möchte.

Das Thema einer Arbeit ist zu wenig eingegrenzt oder beinhaltet keine klare Fragestellung: Bei einem zu breit angelegten oder unklaren Thema ist es u. a. schwierig, die Menge der vorhandenen Literatur auf ein vernünftiges Maß zu reduzieren und aus den Texten das Wichtige herauszuarbeiten. Der Versuch, alle Aspekte eines Themas zu erfassen, führt häufig zu einer unübersichtlichen Informationsansammlung, die man nicht mehr in einem Text mit begrenztem Seitenumfang darstellen kann.

Schreiben wird häufig nur als abbildender, nicht aber als erkenntnisfördernder Prozess verstanden: Dies hat zur Folge, dass das Schreiben so lange hinauszögert wird, bis man meint, alles verstanden zu haben, um dann den Text nur noch „runterzuschreiben". Das kann – vor allem bei längeren und komplexeren Texten – die Niederschrift sogar gänzlich verhindern.

Studienarbeiten werden häufig zeitlich zu wenig geplant: Dabei sind die Überlegungen, bis wann die Arbeit fertiggestellt sein soll, welche einzelnen Schritte dabei anstehen und wie viel Zeit dafür jeweils zur Verfügung steht wichtig als pragmatisches Korrektiv – der Blick auf den anvisierten Abgabezeitpunkt ist eine Hilfe, sich nicht in inhaltlichen Aspekten zu verzetteln.

Spr@chtelefon der Universität Duisburg-Essen

Auf eine ähnlich lange Tradition blickt die Universität Duisburg-Essen zurück. Hier entstand bereits 1992 das so genannte Spr@ch-telefon. Unter der Hotline 0201/183 3405 oder per E-Mail an sprachtelefon@uni-due.de können Studierende – und andere Interessierte – ihre Sprech- und Schreibprobleme zur Sprache bringen. Oft zeigt sich schnell, dass die Wünsche über formale Fragen etwa zur Zeichensetzung oder zum Zitieren hinausgehen und nicht am Telefon beantwortet werden können. Dann empfiehlt Dr. Ulrike Pospiech, Germanistik-Dozentin und Leiterin der Schreibwerkstatt, den Besuch ihrer Sprechstunde zur Textberatung oder einer Veranstaltung zum Thema. Der Workshop „Grundlagen wissenschaftlichen Schreibens" zum Beispiel vermittelt Schritt für Schritt und übungsorientiert das Basiswissen zur Organisation von Schreibprozessen und zu Anforderungen an Haus- und Abschlussarbeiten. Ulrike Pospiech weiß nur zu gut, wie sich Studierende über Jahre um das Schreiben von Hausarbeiten regelrecht herummogeln – und mit Erfolg. „Es kann und muss nicht sein, dass es Studierende gibt, die in zehn Semestern keine oder höchstens eine Hausarbeit verfassen", meint sie. „Diese Vermeidungsstrategie kostet mehr Kraft, als sich einmal vernünftig mit seinen Schreibproblemen auseinanderzusetzen und sich von uns Lösungswege zeigen zu lassen." Ihre Kurse sind fächer- und jahrgangsübergreifend angelegt. Trotzdem oder gerade dank dieser Vielfalt ist sichergestellt, dass jeder auf seine Kosten kommt. „Wir fragen am Beginn nach den Wünschen der Teilnehmer. Meist stellt sich während der Kurse heraus, dass ungeachtet fachspezifischer Unterschiede die Grundprinzipien – also zum Beispiel die Arbeitsorganisation, formale Vorgaben oder die Gestaltung von Kapiteln – vergleichbar sind. So holt sich jeder das aus dem Kurs heraus, was er braucht, und bekommt jede Menge Anregungen." Sie betrachtet ihre Arbeit vor allem als Hilfe zur Selbsthilfe. Es geht nicht darum, die Hand beim Schreiben von Hausarbeiten zu führen, sondern vielmehr um das Aufzeigen von Möglichkeiten, um einen Rahmen, innerhalb dessen jeder frei seine Entscheidung für oder gegen eine bestimmte Vorgehensweise selbst trifft. Ihre wichtigsten Ratschläge an Studierende oder Berufstätige mit beginnenden Schreibproblemen: „Fangen Sie einfach an und gestatten Sie sich Fehler. Sie haben während der Überarbeitungsphasen genügend Möglichkeiten, besser zu werden. Suchen Sie sich Menschen, die diesen Prozess begleiten und Feedback geben. Und nutzen Sie Handreichungen als Vorbilder. Sie müssen das Rad nicht neu erfinden."

Online-Schreibtrainer für wissenschaftliches und berufliches Schreiben

Zusätzlich zu den Beratungen und Workshops haben die Essener Germanisten gemeinsam mit dem Siegener Institut für Sprachen im Beruf (einem Institut der Universität Siegen) einen Schreibtrainer entwickelt. Hierbei handelt es sich um einen Hypertext mit Informationen rund um das Schreiben in Studium und Beruf. Er veranschaulicht den Weg der Textproduktion von der Recherche über die Argumentation und Gliederung bis zur Überarbeitung der Textfassungen und stellt die Anforderungen an typische Textarten wie Notiz, Mitschrift, Protokoll, Projektbericht oder Hausarbeit zusammen. Weitere Infos unter www.uni-due.de/schreibwerkstatt/trainer.

Schreibwerkstatt

Als freiberufliche und professionell ausgebildete Schreibberaterin bietet Dr. Signe Seiler ihre Schreibwerkstatt Studierenden mehrerer Universitäten an. Auch sie orientiert sich an dem hohen Standard der Schreibausbildung, wie er an US-amerikanischen Universitäten üblich ist. „Dort sind die Schreibzentren oft fester Bestandteil der Unis und personell komfortabel ausgestattet", weiß die promovierte Ethnologin, die auch umfangreiche berufliche Erfahrungen als Journalistin und Buchautorin gesammelt hat. „Vielfach müssen alle Studierenden Kurse zum Schreiben belegen, wodurch fehlende Kenntnisse erkannt und gezielt behoben werden. Davon sind wir in Deutschland noch weit entfernt." In der Regel bietet sie fünf Schreib-Kurse pro Semester an. Teilnehmer sollten schon Schreiberfahrungen im Studium gesammelt haben; der Beginn des Hauptstudiums ist für Signe Seiler der günstigste Termin. Meistens kommen die Hilfesuchenden aus den geisteswissenschaftlichen Studiengängen wie Philosophie, Pädagogik, Ethnologie und Politikwissenschaften. Angehende Naturwissenschaftler und Ingenieure verirren sich – wie auch in anderen Schreibwerkstätten – ganz selten in ihre Kurse. „Das liegt wohl daran, dass sich Naturwissenschaftler eher an einer konkreten Methode festhalten können und auf die sprachliche Gestaltung weniger Wert gelegt wird als etwa bei Philosophen oder Germanisten", mutmaßt sie. „Dabei könnten auch sie sich das Schreiben ganz sicher erleichtern, wenn sie die Techniken trainieren würden, die wir in unseren Kursen anbieten."

Das Angebot beinhaltet unterschiedliche Schwerpunkte. Großen Wert legt Dr. Seiler auf Methoden wissenschaftlichen Arbeitens wie das Exzerpieren. „Kaum jemand hat das wirklich einmal richtig gelernt", meint sie. „Dabei ist das richtige Erfassen von Fachtexten eine wichtige Voraussetzung, um die Inhalte für die eigene Arbeit nutzen zu können." Andere Defizite bestehen in der Zeitplanung, im Zerlegen des Prozesses in einzelne Arbeitsschritte, im Setzen von Prioritäten. Laut Signe Seiler irren sich sehr viele Studierende erheblich, wenn sie planen sollen, wie viel Zeit ein Arbeitsschritt in Anspruch nimmt. Die meisten sind erstaunt, wie schnell ein Problem mit der richtigen Technik gelöst ist. Ihr Tipp: Zunächst gerade so viel lesen, wie für das Verständnis des Themas erforderlich ist. „Viele machen den Fehler und lesen zu viel, wodurch sie den Überblick verlieren und als Ausweg noch mehr lesen. Aus diesem Teufelskreis finden dann viele nicht mehr allein heraus." Daneben können hier auch Wissenschaftler, die ihren Schreibstil optimieren wollen, und Berufstätige lernen, wie man sich das Schreiben erleichtern kann. Letztere behandeln in den Seminaren Themen wie

■ der Stil beruflicher Texte,

■ das Wichtigste erfassen,

■ Strukturieren, roter Faden,

■ Textabschnitte entwerfen und verbinden,

■ dem roten Faden folgen,

■ der richtige Einstieg,

■ klar formulieren,

■ rhetorische Textmuster kennen und nutzen,

■ Schreibblockaden überwinden,

■ der gelungene Schluss.

Zur Geschichte der Schreibberatung[3]

„Wie so oft sind uns die US-Amerikaner in Sachen Schreibberatung weit voraus. Seit Jahrzehnten gehört es an vielen Universitäten zum Standard, dass Studierende bei ihren Schreibprojekten gezielt beraten werden. An der State University of San Diego ist das 'Department of rhetoric and writing studies' das größte Department an der Universität: Mehr als 50 Lehrende unterrichten hier. Alle (!) Studenten müssen an dieser Universität Kurse zum Schreiben belegen. So werden fehlende Kenntnisse entdeckt und gezielt behoben. An Spitzenuniversitäten werden die Studenten ebenfalls gefördert – allerdings auf einem entsprechend höheren Niveau. Auch Wissenschaftler suchen Rat bei den Schreibtrainern. Sie wollen lernen, wie man wissenschaftliche Themen anschaulich und spannend darstellt, so dass Studenten und interessierte Laien die komplizierten Zusammenhänge verstehen. Viele anerkannte US-Wissenschaftler sind darum gleichzeitig berühmte Sachbuchautoren (z. B. Edward Wilson, Oliver Sacks, William Calvin, Carl Sagan, Antonio Damasio).

In Deutschland begann die Entwicklung in Richtung Schreibberatung im Jahr 1993 in Bielefeld. In Anlehnung an das US-Vorbild richtete die Universität ein Schreiblabor ein, das bis heute erfolgreiche Arbeit leistet. In den neunziger Jahren entstanden zahlreiche weitere Schreiblabore in Nordrhein-Westfalen. Im Rahmen von „Leuchtturm-Projekten" fördert die Regierung diese neue Einrichtung, etwa an den Universitäten Bochum, Köln, Essen oder Dortmund. Sie waren finanziell und personell immer mager ausgestattet, und leider hat man inzwischen einige Schreiblabore aus Kostengründen wieder geschlossen, z.B. in Köln. Viele Wissenschaftler haben inzwischen erkannt, wie notwendig eine gezielte Beratung von Studierenden ist. Und immer mehr Universitäten versuchen, Kurse anzubieten: über die allge-

---

3   Quelle: Signe Seiler, www.schreibberatung-mainz.de

> meine oder psychotherapeutische Studienberatung, eingetragene Vereine, Frauenbüros, die Akademischen Auslandsämter oder im Rahmen eines Studiums Generale. Aber es gibt auch die Gegentendenz: Aus Kostengründen werden solche Kurse bei Geldmangel schnell wieder abgeschafft."

Nina Drexhage, die in an der Uni Münster Kommunikationswissenschaften studierte, erfuhr aus dem Programmheft des Career Services ihrer Uni von den Angeboten der Schreibwerkstatt. „Ich hatte das Problem, dass ich mit meinen Hausarbeiten thematisch immer an der Oberfläche schwamm", erinnert sie sich. „Mir fehlte die Struktur und ich kam nicht recht auf den Punkt. In dem Workshop, den ich daraufhin belegte, haben mir am meisten die Tipps gegen Schreibblockaden geholfen. Denn wenn man sich einmal von dem Druck gelöst hat, der sich aufgrund von 'versemmelten' Hausarbeiten aufgestaut hat, kommt der Rest fast von allein."

Die nächste Hausarbeit machte ihr dann wirklich Spaß, und wenn doch noch Probleme auftraten, holte sie sich sofort Rat von der Schreibwerkstatt oder Kommilitonen. Ihr Rat an Studienanfänger: Eigeninitiative ergreifen, sonst quält man sich unter Umständen während des gesamten Studiums mit den Hausarbeiten. Wenn es keine Schreibwerkstatt gibt, sollte man ruhig mit dem Tutor oder direkt mit einem Dozenten über die Schwierigkeiten sprechen. Die Schreibberatung der Uni Münster umfasst Vorlesungen, Übungen, Kurse für das Schreiben von Abschluss- und Bachelorarbeiten, Workshops für Doktoranden, Lehrgänge für anstehende Hausarbeiten und Sprechstunden. Weitere Infos unter http://spzwww.uni-muenster.de/schreibwerkstatt/index.php?t=.

3. Lampenfieber und Redeängste: „Ich bekomme keinen Ton heraus!"

Sie haben Lampenfieber vor Ihrem Auftritt? Herzlichen Glückwunsch! Sie haben die beste Voraussetzung, erfolgreich zu sein. Warum? Weil eine ordentliche Portion gesunder Stress Ihren Körper in Höchstform versetzt. Ein normales Maß an Angst bewirkt, dass der Körper mit vermehrtem Ausstoß vor allem von Adrenalin ins Blut reagiert. Dieses Stresshormon hat die Aufgabe, unseren Körper in Gefahrensituationen blitzschnell in Höchstform zu bringen. Es hilft uns, richtig und vor allem schnell zu reagieren.

Nun stellt eine Redesituation keine körperliche Bedrohung dar. Jedenfalls in den meisten Fällen nicht. Aber Gefahren malen wir uns schon aus: Wir könnten steckenbleiben, den Faden verlieren, nicht die passenden Worte finden, die Zuhörer langweilen, Widerspruch herausfordern – kurz: versagen. Die Versagensangst – Sie kennen Sie bestimmt von Prüfungen her – ermuntert den Körper, zusätzliche Energien für die Gefahrenabwehr bereitzustellen. Dieser Schub zeigt sich im Vorfeld eines Vortrages oder einer Präsentation durch

- Herzklopfen,
- schweißnasse Hände,
- eine trockene Kehle,
- ein blasses Gesicht,
- einen flauen Magen und
- das Gefühl, ständig zur Toilette zu müssen.

3.1 Normales Lampenfieber sichert Höchstform

Insgesamt entsteht also ein Zustand höchster Erregung, der unser Gehirn zu äußerster Wachsamkeit animiert: Jetzt sind wir bereit zum Kampf – oder zur Flucht. Ich hoffe, Sie entscheiden sich für den Kampf, den Sie mit sachlichen Argumenten und positiver Hinwendung zum Publikum führen.

Redner und Vortragende, die Lampenfieber haben und nicht verbergen, übertragen ihre Erregung natürlich auf das Publikum. Wenn sie dabei nicht zappeln und sich pausenlos verhaspeln, wird es die Aufregung nicht übel nehmen. Im Gegenteil: Der vom Lampenfieber gezeichnete Redner appelliert unbewusst an die Hilfsbereitschaft der Zuhörer, und diese werden ihn dafür mit Wohlwollen belohnen. Sie werden „die Daumen drücken" und Sympathie bekunden. Daraus kann er Kraft schöpfen und Sicherheit, die Aufregung legt sich. Zudem kann er auf Mitgefühl hoffen: Fast 80 Prozent aller Deutschen leider unter der Angst, beim Reden vor Publikum zu versagen. Diese Angst rangiert bei vielen Umfragen eindeutig auf Rang 1, weit etwa vor Höhen- oder Flugangst.

Lampenfieber ist zudem keine Anfänger-Angst. Selbst prominente Redner und Künstler bekennen sich freimütig dazu. So gibt etwa Entertainer Hape Kerkeling zu, vor jedem Auftritt heftig zu leiden. „Exakt fünf Minuten vor dem Auftritt packt mich so ein Lampenfieber, dass ich mich wirklich frage, wie ich jemals auf den Trichter kommen konnte, mir einen solchen Beruf auszusuchen", sagt er. „Ganz abstruse Ängste" überkämen ihn. „Zum Beispiel was passiert, wenn mir in der Sendung schlecht wird und mich übergebe."[4] Wer aufhört, Lampenfieber zu haben, läuft Gefahr, Ausstrahlung und Engagement zu verlieren. Und er läuft Gefahr, mitten in seiner Rede oder seinem Auftritt doch von Versagensangst gebeutelt zu werden. Denn: Verdrängtes Lampenfieber schwelt im Unterbewusstsein und kann beim geringsten Anlass hervorbrechen. Dann ist es schon besser, vor und zu Beginn des Vortrags aufgeregt zu sein und dann allmählich sicherer zu werden. So geht es nämlich den meisten Menschen. Bei Ihnen ist es sicher genauso. Also: Haben Sie Mut, Angst zu haben. Wer mutig ist, akzeptiert seine Angst und lernt damit umzugehen.

---

4   „Entertainer leidet unter heftigem Lampenfieber", www.morgenpost.de vom 10.09.2008

3.2 Übung macht den Meister

Es klingt banal, hat sich aber immer wieder bewährt: Reden lernt man durch reden. Wer schon als Kind in der Schule immer den Finger gehoben hat, als Vorträge verteilt wurden, hat die Erfahrung gemacht, dass selbst ein kurzzeitiger Blackout nicht zwangsläufig zur Katastrophe führt. Und er hat frühzeitig gelernt, dass gut vorbereitete Auftritte meistens auch gut ausgehen. Eine Situation, die vertraut ist, verliert meist ihr Angstpotenzial. Aber auch als Erwachsener kann man noch damit beginnen – am besten vor dem entscheidenden großen Auftritt. Ergreifen Sie bei jeder sich passenden Gelegenheit das Wort. Ob in der Abteilungsbesprechung, bei der Geburtstagsrunde eines Freundes oder in einer öffentlichen Diskussion. All diese kleinen Reden und Vorträge geben Ihnen allmählich Sicherheit und die Chance, das Lampenfieber auf ein erträgliches Maß zu reduzieren.

Solche Stegreifreden, wie Reden ohne große Vorbereitung auch genannt werden, kann man auf spielerische Weise trainieren. Am besten zusammen mit Freunden, denn dann macht es mehr Spaß und simuliert den entscheidenden Faktor von Lampenfieber: das Vorhandensein von Publikum. Ein Beispiel für solch ein Spiel: Jeder Teilnehmer schreibt jeweils ein Stichwort auf kleine Zettel, die zusammengefaltet in eine Lostrommel kommen. Der erste Redner zieht drei bis fünf der Zettel und fängt sofort damit an, eine Rede zu halten, die alle Stichworte beinhaltet. Langes Nachdenken ist nicht erlaubt, denn das schafft Blockaden, die man ja gerade verhindern will. Es ist nicht wichtig, ob der Inhalt druckreif ist. Wichtig ist das Reden an sich, die Beweglichkeit beim Denken. Sie werden erstaunt sein, auf welche wunderbaren Ideen Sie während des Sprechens kommen.

Dieses Phänomen beschrieb Heinrich von Kleist 1805 in einem bis heute viel beachteten Essay mit dem Titel „Über die allmähliche Verfertigung der Gedanken beim Reden"[5]. Seine These lautet, dass beim Sprechen die Gedanken irgendwie automatisch kommen, so wie

---

5 Kleist-Archiv Sembdner, Heilbronn

der Appetit beim Essen. Wenn die Redner mit dem Aussprechen des Gedankens „nur dreist den Anfang machen", so der Dichter, präge unser Gemüt im Alleingang die vorher noch „verworrenen Vorstellungen zur völligen Deutlichkeit aus". Der einmal angefangene Satz drängt darauf, zu Ende gesprochen werden. Ohne die Eigendynamik der Sprache kämen die Gedanken gar nicht in Fahrt. Und so manch großer Redner habe „in dem Augenblick, da er den Mund aufmachte" noch nicht gewusst, was er kurz darauf sagen würde. Damit spricht er auch aus, woran die meisten ungeübten Redner scheitern: am Anfang. Ist der Anfang gut, gelingt meist auch der Rest. Daher sollte jeder, der hin und wieder spontan reden muss, einige Tricks üben, mit denen er sich den Start erleichtern kann. Zu den wichtigsten gehören:

- **Fragen stellen:** Beginnen Sie Ihren Vortrag doch mit der Frage danach, worum es sich bei dem Thema überhaupt handelt, warum es wichtig ist, welchen Aspekt man davon näher beleuchten sollte usw.

- **Geschichte:** Beleuchten Sie den historischen Hintergrund Ihres Themas. Wenn Sie etwa über moderne Kommunikation sprechen sollen, können Sie den Bogen von der babylonischen Keilschrift über die Erfindung des Buchdrucks und des Telefons bis hin zum modernen iPhone schlagen.

- **Persönliches:** Beginnen Sie mit einer persönlichen Story, die Ihnen zum Thema einfällt, oder denken Sie sich eine aus. Auch ein Film, den Sie kürzlich dazu gesehen, oder ein Buch, das Sie gelesen haben, eignen sich. Das fesselt Zuschauer von Anfang an.

- **Emotionen:** Teilen Sie den Zuhörern die Gefühle mit, die Sie bei dem Thema haben, und begründen Sie diese. Schon sind Sie mitten im Vortrag.

- **Artverwandtes Thema:** Fällt Ihnen auf Anhieb nichts zum eigentlichen Thema ein, können Sie mit einem Problem beginnen, das damit zusammenhängt. Später kommen Sie dann auf Umwegen zum eigentlichen Vortrag.

Grundsätzlich gilt beim Reden, vor allem beim freien: So knapp wie möglich fassen und kurze Sätze formulieren. Schachtelsätze bergen die Gefahr in sich, dass Sie am Ende nicht aufgehen bzw. man vollkommen den Faden verliert und vom Hundertsten ins Tausendste gelangt. Kurioses Beispiel war eine Rede von Edmund Stoiber, die er im Januar 2002 auf dem Neujahrsempfang der CSU hielt. Damals ging es um die geplante Transrapidstrecke zwischen dem Münchner Hauptbahnhof und dem Flughafen Franz Josef Strauß: „Wenn Sie vom Hauptbahnhof in München mit zehn Minuten, ohne dass Sie am Flughafen noch einchecken müssen, dann starten Sie im Grunde genommen am Flughafen, äh, am Hauptbahnhof in München starten Sie Ihren Flug."

3.3 Wenn Lampenfieber zur Redeangst wird

Normales Lampenfieber zu haben ist eine Sache, regelrechte Redeangst eine ganz andere. Dazwischen liegen Welten. Während die Redeangst – auch als Redehemmung, Sprechangst oder Logophobie bezeichnet – wie ein schwerer Infekt ist, der den Betroffenen praktisch niederstreckt und handlungsunfähig macht, ist Lampenfieber nur wie ein leichter Schnupfen – unangenehm, aber nicht wirklich hinderlich. Redeangst geht einher mit regelrechten Panikattacken und wahrhaften Todesängsten. Obwohl der Verstand natürlich weiß, dass die Situation nicht lebensbedrohlich ist, verhalten wir uns so, als hinge das Leben tatsächlich davon ab. Selbst Menschen mit großem Wissen und klarem Verstand, die ansonsten nicht auf den Mund gefallen sind, können von dieser Störung betroffen sein. Und störend, ja schädlich ist Redeangst wirklich, weil es davon Betroffenen erschwert, sich vor Publikum mitzuteilen und damit ihr Wissen weiterzugeben, was gerade in Studium und Beruf erhebliche Nachteile mit sich bringt.

Dabei ist Redeangst erlernt und kann auch wieder verlernt werden. Oft hängt sie mit traumatischen Erlebnissen in der Jugend zusammen. Wer sich etwa vor der Klasse während eines Vortrages bloßgestellt und gedemütigt gefühlt hat, weil Mitschüler und vielleicht sogar der Lehrer abwertende Bemerkungen gemacht und gelacht haben, kann den Samen „Redeangst" in sich tragen und bis in sein Erwachsenenleben behalten. Dann ist er allerdings unter Umständen schon zu einer stattlichen Pflanze herangewachsen, die sich immer weiter ausbreitet.

Ein Betroffener berichtet über seine Redeangst[6]

Ich hatte in meiner Kindheit nie Probleme, vor anderen zu sprechen – bis ich in der 9. Klasse war. Ich sollte die Hausaufgaben vorlesen. Der Lehrer hatte an jedem Satz etwas auszusetzen. Er korrigierte und verbesserte mich ständig. Ich kam mir richtig blöd vor. Meine Mitschüler grinsten und ich stand wie ein Idiot vor der Klasse. Als ich das nächste Mal etwas vortragen sollte, war das die Hölle. Mein Herz schlug bis zum Hals, meine Stimme zitterte, ebenso mein Körper... Die ersten Sätze schaffte ich noch, dann war es vorbei. Ich habe das Referat total verhauen und bekam eine glatte 6. Danach habe ich mich immer vor Referaten gedrückt. Ich hatte immer Ausreden parat: Ich hab's zu Haus vergessen, mir ist schlecht usw. Ich habe deswegen auch meinen Schulabschluss nicht geschafft. Seit Juli mache ich eine Ausbildung zum Verkäufer, und Präsentationen sind Hauptbestandteil in den Seminaren. Bisher musste ich eine Präsentation halten und es war die Hölle. Ich war so neben mir, dass ich mich an nichts mehr erinnern konnte, was ich erzählt habe. Ich habe gezittert, bekam ein permanentes Schluckgefühl und Atemprobleme.

Eine andere Ursache oder wirkungsverstärkend kann eigenes Perfektionsstreben sein. Wer zu hohe Anforderungen an sich und den Vortrag richtet, den er zu halten hat, und gleichzeitig befürchtet, diesen Anforderungen keinesfalls gerecht zu werden, kann auf die Panikattacke warten. Sätze wie die nachfolgenden geistern durch den Kopf:

---

6 www.angst-panik-hilfe.de

■ „Ich muss bei den Zuhörern unbedingt gut ankommen."

■ „Ich muss souverän wirken, ohne zu stocken sprechen und überzeugend wirken."

■ „Ich darf auf keinen Fall zittrig und nervös wirken, stottern oder
rot werden, sonst denken die Zuhörer, ich habe Angst."

Übersteigerter Perfektionismus deutet häufig auf mangelndes Selbstwertgefühl hin. Wer mit sich selbst nicht im reinen ist, versucht durch
doppelte Anstrengungen Lob von Dritten zu bekommen, und fürch-
tet sich entsprechend umso mehr vor Ablehnung. Im Geiste entstehen Horrorszenarien darüber, was passiert, wenn man tatsächlich vor
Nervosität keinen klaren Satz hervorbringt, rot wird und stottert – es
wäre überaus peinlich und damit das Ende.

Ein von Redeangst Betroffener berichtet[7]

„Was mir wirklich fürchterliche Angst bereitet, ist das Vortragen
von Inhalten (Vorträgen, Präsentationen oder längere Redebei-
trägen in Meetings) vor einer größeren Menschenmenge, die von
mir die Überbringung von Inhalten abverlangt, nach denen nicht
konkret gefragt wurde. Ich bin mir schon lange darüber im Klaren, dass es nicht zu meinen großen Stärken gehört, öffentlich zu
reden oder mich in den Mittelpunkt zu stellen, habe das aber nie
wirklich als großes Problem empfunden. Sowohl in der Schule
wie auch im Studium habe ich mich davor immer gedrückt und
bin auch nie wirklich dazu gezwungen worden. Im späteren
Berufsleben musste ich jedoch feststellen, dass mir die Redeangst
erhebliche Probleme bereitet. Natürlich wird man sich auch hier
einige Zeit überbrücken können, es behindert aber auf jeden Fall
die berufliche Karriere. Am aller schlimmsten empfinde ich das
Gefühl, dass es bei mir von Meeting zu Meeting schlimmer statt
besser wird. Jeder, der mit normalem Lampenfieber zu kämpfen
hat, beteuert: „Ach, das wird von Mal zu Mal besser ... das muss
man eben ein paar Mal gemacht haben!". Aber bei mir ist das

---

7 www.psychic.de

genaue Gegenteil der Fall. Das finale Schlüsselerlebnis hatte ich erst kürzlich in einer wirklichen sehr lockeren Runde von fünf bis sechs Kollegen, die ich großteils sogar sehr gut kenne. Ich war an der Reihe, mit einem kurzen Beitrag über meine Arbeit zu berichten. Der erste Satz kam schon ins Stocken, danach war einfach nur noch verwirrtes Gestammel aus meinem Mund zu hören. Diese Peinlichkeit habe ich wirklich so schnell nicht verkraftet. Seit dem passiert es mir sogar, dass die Sicherheit, die ich eigentlich in normalen Dialogsituationen empfinde, auch nicht mehr zu 100 Prozent gegeben ist. Teilweise werde ich sogar hier nervös. Eigentlich kann ich ganz gut mit Ängsten umgehen. Ich habe z. B. große Flugangst, muss aber beruflich viel fliegen. Insbesondere pulsiert mein Herz beim Start der Maschine im gleichen Maße, wie es beim Halten einer Präsentation oder eines Redebeitrags der Fall wäre. Es macht mir aber nichts aus, da ich diese Angst durchaus ertragen kann, es bekommt weder jemand anderes mit, noch würde es mir etwas ausmachen, wenn jemand es täte. Ich würde sagen: „Naja ich habe eben Flugangst." Ich denke, der große Unterschied liegt daran, dass man es irgendwie begründen kann, diese Angst ist einigermaßen rational. Viele Menschen leiden unter Flugangst und sie wird von der Allgemeinheit als eine mögliche Angst anerkannt. Die Redeangst wird von den Betroffenen – jedenfalls von mir – als vollkommen irrational beurteilt. Angst? Vor was? Vor wem? Ich soll doch nur kurz in einigen Stichpunkten die wesentlichen Bestandteile meiner Arbeit kommunizieren …"

3.4 Bezähmen Sie Angst machende Gedanken

Wer sich in der eben geschilderten Situation befindet und noch dazu häufig reden muss, braucht dringend Hilfe. Eigene Bemühungen werden hier wahrscheinlich nicht zu vernünftigen Resultaten führen. Der

Weg sollte entsprechend zu einem erfahrenen Angsttherapeuten führen, der Ursachen ermittelt und geeignete Therapieansätze findet. Die Redeangst-Therapie ist sehr vielschichtig und hängt von dem Ansatz ab, den der jeweilige Therapeut verfolgt. Wichtig ist, an die Ursachen der Angst heranzugehen – die angstmachenden Gedanken. „Mit der Methode der Gedankenkontrolle lernen Sie den Zusammenhang zwischen Ihren Gedanken und Gefühlen kennen, insbesondere wie sich angstvolle Gedanken und Fantasien auf Ihre Angst auswirken", beschreibt Diplom-Psychologin Dr. Doris Wolf[8] die Vorgehensweise. „Sie lernen, negative Selbstgespräche wie 'Ich darf mich nicht blamieren', die Sie blockieren und lähmen, durch hilfreiche Selbstgespräche zu ersetzen." In dem Maße, in dem man lerne, angstauslösende Gedanken zu kontrollieren und durch hilfreiche Gedanken zu ersetzen, in dem Maße könne man einer Rede gelassener entgegensehen. Daneben werden die Einstellungen des Patienten zu Erfolg und Leistung sowie die Ansprüche an sich selbst einer Prüfung unterzogen und Erwartungen bei Bedarf heruntergeschraubt. Auch das schafft Entlastung.

Negative durch positive Sätze ersetzen

Ich muss besser sein als die anderen.	Es ist normal, dass andere auch mal besser sind als ich.
Nur wenn ich absolut sicher bin, kann ich mich entscheiden.	Manche Entscheidungen müssen aus dem Bauch getroffen werden.
Starke Menschen brauchen keine Hilfe.	Es ist schön, Unterstützung zu haben.
Ich bin für alles verantwortlich.	Ich kann mich nicht um alles kümmern.
Es ist wichtig, dass ich alles unter Kontrolle habe.	Manchmal ist es gut, nicht alles zu wissen.
Wenn ich etwas nicht mache, macht es keiner.	Was ich jetzt nicht schaffe, muss eben ein anderer machen.

---

8 Doris Wolf: Behandlung der Redeangst, www.angst-panik-hilfe.de

Es gibt nichts Schlimmeres, als einen Fehler zu machen.	Wer sich was zu(traut), macht auch Fehler.
Je weniger ich von mir zeige, desto weniger kann mir passieren.	Ich möchte zeigen, wenn es mir gut oder schlecht geht. Schließlich bin ich keine Maschine.
Es ist wichtig, dass mich alle mögen.	Ich weiß, dass mich Peter und Marie mögen. Das ist wichtig.
Ich darf niemandem wehtun.	Ich kann es nicht allen recht machen.
Die Welt muss gerecht sein.	Ich kann versuchen, gerecht zu sein. Die Welt kann ich nicht ändern.
Die anderen sind schöner, stärker und schlauer als ich.	Ich bin ich. Das soll mir erst mal einer nachmachen!
Wenn es darauf ankommt, versage ich.	Neulich ist mir etwas richtig gut gelungen.
Ich bin an allem schuld.	Ich habe Mist gebaut. Aber davon geht die Welt nicht unter.
Ich bin minderwertig.	Es ist großartig, wie ich das Problem gelöst habe.
Ich schaffe es nie, mich zu ändern.	Ich finde, ich habe dieses Mal schon mutiger (gelassener, energischer, selbstbewusster) reagiert.

Therapeuten führen mit ihren Patienten auch so genannte Verhaltensexperimente durch bzw. ermuntern sie dazu. Dabei handelt es sich um eine Reflexion des eigenen Verhaltens in einer Redesituation, etwa anhand einer Videoaufzeichnung. Wie reagieren Zuhörer auf mich? Wie verhalte ich mich selbst? Möglich sind auch Rollenspiele, die eine kritische Situation nachempfinden. Entweder sie finden allein mit dem Therapeuten statt, aber auch eine dritte Person ist möglich, um einer realen Situation näher zu kommen. Das Rollenspiel soll zunächst Angst auslösen, ohne dass der Patient in Panik gerät. Beobachtet und analysiert werden soll zum Beispiel so genanntes Sicherheitsverhalten, das der Patient anwendet, um die bevorstehende Katastrophe abzu-

wenden. Diese Verhaltensmuster wurden erlernt, um die angstma-
chende Situation scheinbar in den Griff zu bekommen. So wird etwa
vermieden, ins Publikum zu schauen. In dem Experiment soll herausgefunden werden, ob dieses zum Teil subtile Verhalten wirklich hilft
– oder doch eigentlich mehr schadet. Außerdem wird überprüft, ob
das Bild, das der Betroffene von sich selbst in der kritischen Situation
hat – unsicher, zittrig, puterrot, inkompetent wirkend usw. – wirklich
den Tatsachen entspricht.

Beim mentalen Training handelt es sich um das Gegenteil der Verhaltensexperimente, da hier die eigene Vorstellungskraft genutzt
wird, um die Redesituation im positiven Sinne zu bewältigen. Es geht
darum, sich im Geiste vorzustellen, wie man in einer bestimmten
Situation denken, fühlen und handeln möchte. Vorstellungsübungen
macht praktisch jeder. Sie werden immer dann praktiziert, wenn man
sich ein unerfreuliches und unangenehmes Ereignis ins Gedächtnis
ruft und dabei schlimme Gedanken und Gefühle erzeugt. Auch wenn
man sich etwas Schlimmes für die Zukunft ausmalt und sich Sorgen macht, führt man Vorstellungsübungen durch. Man erlebt dann
genau dieselben Gefühle, als würde man die belastende Situation
gerade erleben. Unser Gehirn bemerkt den Unterschied zwischen der
Einbildung und der tatsächlichen Situation nicht. Das Beispiel mit
der saftigen gelben Zitrone verdeutlicht dies: Stellen Sie sich vor, Sie
halten eine wunderschöne gelbe Zitrone in Ihren Händen. Versuchen
Sie, sich dies so bildhaft und lebendig wie nur möglich vorzustellen.
Nun riechen Sie einmal an der Zitrone in Ihrer Hand. Stellen Sie sich
vor, wie die Zitrone leicht säuerlich riecht. Stellen Sie sich weiter vor,
Sie nehmen diese saftige Zitrone und schneiden sie in zwei Hälften.
Nehmen Sie die eine Hälfte und riechen wieder daran. Nun riechen
Sie schon deutlicher und intensiver das Säuerliche. Und nun nehmen
Sie die Zitrone und beißen herzhaft in sie hinein. Währen dieses
Vorstellungsspiels haben Sie Ihr Gesicht verzogen und Ihr Mund hat
mehr Speichel produziert. Auf der gleichen Basis funktioniert men-
tales Training.

Es hat sich bei vielen Menschen bewährt, vor dem mentalen Training zu entspannen. Entspannungstechniken können auch in anderen Situationen angewandt werden, in denen Anspannung und Nervosität gemindert werden sollen. Es gibt sehr viele Techniken, im Folgenden soll eine ganz einfache vorgestellt werden, die praktisch in jeder Lebenslage durchgeführt werden kann.

Atemübung zur Entspannung

Atmen Sie etwas tiefer ein, als Sie das gewöhnlich tun. Dann atmen Sie in einer Bewegung wieder aus, ohne den Atem nach dem Einatmen anzuhalten. Wenn Sie ausgeatmet haben, halten Sie Ihren Atem für ca. 6 bis 10 Sekunden an. Finden Sie selbst heraus, welche Zeit für Sie am angenehmsten ist. Zählen Sie in Gedanken von 1001 bis 1006 oder 1010. Nachdem Sie den Atem angehalten haben, atmen Sie wieder ein, atmen in einer Bewegung wieder aus, ohne den Atem anzuhalten, und halten ihn dann für weitere 6 bis 10 Sekunden an. Wiederholen Sie diese Atemübung für 2 bis 3 Minuten bzw. solange, bis Sie deutlich entspannter und ruhiger sind.

Nun beginnt das eigentlich mentale Training. Es soll in eine Situation versetzen, in der man gern gelassener und souveräner auftreten möchte als bisher. Wer Probleme mit dem Reden und Vortragen hat, versucht demnach sich vorzustellen, wie er in einer konkreten Redesituation gern denken, fühlen und handeln möchte. Sie gehen also in Gedanken mit Ihrem Redemanuskript oder einem Stichwortzettel (siehe nächster Abschnitt) ans Rednerpult vor das Publikum oder vor die Tafel im Seminarraum. Sie suchen sich eine Haltung, in der Sie sich wohl fühlen, schauen mutig in das Publikum und suchen wenn möglich den Blickkontakt zu einem Zuhörer in den vorderen Reihen. Sie sind aufgeregt, aber das ist normal und betrifft fast alle Redner. Sagen Sie zu sich selbst: „Dies ist eine schwierige Situation für mich, aber da ich gut vorbereitet bin, kann ich sie meistern." Es ist wichtig, dass Sie in ihren inneren Selbstgesprächen Worte mit positivem Gehalt verwenden. Positive Worte können eine eigene Kraft entfalten. Wenn regelmäßig trainiert wird, können Sie die bisherigen negativen Selbstgespräche allmählich verdrängen und durch positive Selbstgespräche ersetzen.

Unter Umständen wird der Therapeut seinen Patienten auffordern, seine neu erarbeiteten positiven Fantasien und Einstellungen zu sich selbst auszuprobieren und sich mit einer konkreten Redesituation zu konfrontieren. Anfangs wird das in Rollenspielen stattfinden, so dass man sich nicht allzu sehr blamiert, falls es doch noch einmal schief geht. Eine Bestätigung, dass die Übungen geholfen haben und die Situation weniger angsteinflößend als zuvor ist, kann wahre Wunder bewirken. Auf diese Weise „verlernt" man Schritt für Schritt das über Jahre antrainierte Fehlverhalten und kann so auftreten, dass Angst zumindest nicht mehr total lähmt und blockiert.

3.5 Tun Sie etwas für Ihr Selbstwertgefühl

Flankierend zu den vorgenannten Methoden helfen allgemeine Übungen zur Stärkung des Selbstvertrauens und des Selbstwertgefühls, schwierige Situationen als weniger angstbeladen und bedrohlich zu empfinden.

Drei Schritte zu mehr Selbstbewusstsein

1. Ich bin mir meiner Stärken und Schwächen bewusst.

2. Ich bin mir meiner Wirkung auf andere bewusst.

3. Ich bin mir meiner selbst und meiner Stellung bewusst.

Manche Menschen verwechseln Selbstbewusstsein mit Arroganz, Egoismus, überzogener Autorität oder Grobheit. Diesem vordergründigen Selbstbewusstsein ist auf Dauer kein Erfolg beschieden. Denn die Sicherheit im Umgang mit sich selbst und damit auch mit anderen ist nur äußerlich oder beruht auf Selbstüberschätzung.

Selbstbewusst zu werden verlangt indes, zunächst schonungslos eine Bestandsaufnahme zu machen. Fertigen Sie eine Liste an, auf der Sie Stärken und Schwächen selbstkritisch aufschreiben und gegenüberstellen. Fragen Sie auch in der Familie und im Freundes- und Bekanntenkreis nach, wo dort Ihre Stärken und Schwächen gesehen werden. Vor allem Kinder sagen die ungeschminkte Wahrheit. Das ist zwar nicht immer schön, aber es hilft Ihnen weiter. Vielleicht war Ihnen bisher eine wichtige charakterliche Stärke nicht bewusst, wird aber von anderen Menschen durchaus erkannt und anerkannt? Vielleicht haben Sie Schwächen, von denen bisher niemand geredet hat? Gerade seiner tatsächlichen Schwächen sollte man sich gnadenlos bewusst werden. Man hört oft: „Ich habe eine Schwäche für gutes Essen." Das ist jedoch nur Koketterie. Mit dieser „Schwäche" will sich der Betreffende in Wirklichkeit nur schmücken. Ein wenig härter dürfen Sie ruhig mit sich ins Gericht gehen. Echte Schwächen einzugestehen, wie fehlende Ausdauer, Unpünktlichkeit oder Unzuverlässigkeit, tut dagegen richtig weh.

Wenn Sie Rückmeldungen über Stärken und Schwächen erhalten, danken Sie dafür. Es ist nicht leicht, wahrhaftige Meinungen über sich selbst zu bekommen. Versuchen Sie auch bei unangenehmem Feedback

- die Meinung zunächst anzunehmen,
- sich nicht gleich zu rechtfertigen,
- genau zuzuhören, Nuancen zu erkennen, nachzufragen und Einzelheiten der Wahrnehmung des anderen zu klären.

Vergleichen Sie nun das Bild, das Sie von sich selbst haben, mit dem, das andere gezeichnet haben. Gibt es Diskrepanzen? Wenn Sie zum Beispiel bisher immer dachten, dass Sie deutlich sprechen, Arbeitskollegen jedoch behaupten, Sie seien beim Vortrag kaum zu verstehen und nuscheln, dann arbeiten Sie an Ihrer Aussprache. Und fragen Sie nach einiger Zeit nach, ob sich Erfolg eingestellt hat. Wenn ja: Genießen Sie es, ein Ziel erreicht zu haben, auch wenn der Schritt noch so klein war. Nach und nach wird es Ihnen auf diese Weise gelingen, Ihr eigenes Bild mit dem Fremdbild in Einklang zu bringen.

Wie gehen Sie nun mit Fehlern um, die sich nicht so einfach abstellen lassen? Indem Sie sich der Schwächen bewusst sind und sie nicht länger verdrängen, haben Sie eine Chance, aktiv zu werden. Und: Versuchen Sie bewusst, Schwächen mit Stärken zu kompensieren. Ist zum Beispiel Ihr abstraktes Denkvermögen nicht so ausgeprägt, wie Sie es sich wünschen, und Sie empfinden das als Mangel, setzen Sie in Vorträgen auf die Kraft der Bilder und sprechen Sie die Gefühle von Zuhörern an. Entwickeln Sie ein Gespür für Ihre Stärken und nehmen Sie sie dankbar als solche an.

„Wer wie ein König auftritt, wird wie ein König behandelt werden", sagt eine alte Weisheit. Nur, wenn sich Ihr gewonnenes Selbstbewusstsein auch nach außen zeigt, wird es Wirkung haben. Wussten Sie übrigens, dass

■ 10 Prozent Ihres beruflichen Erfolges von Ihrer Leistung abhängt,
■ 30 Prozent von Ihrem Image und Ihrem Stil und
■ 60 Prozent vom Gesehenwerden?

Es ist also keine Schande, ein wenig darüber nachzudenken, wie man das Bild, das andere von einem gewinnen, positiv beeinflussen kann. Die Methoden sind ganz einfach und erfordern kein jahrelanges Training.

Wodurch wirkt Ihr Auftritt selbstbewusster?

1. Nehmen Sie eine selbstbewusste Körperhaltung ein. Stellen Sie sich vor den Spiegel und betrachten Sie sich: Stehen Sie gerade oder leicht gebückt? Ist der Kopf erhoben oder ziehen Sie unbewusst den Hals ein? Sind die Schultern gerade oder fallen sie nach vorn? Ist der Blick auf den Boden gerichtet

oder blicken Sie geradeaus? Wissen Sie nicht wohin mit den Händen und verstecken Sie sie deshalb in der Hosentasche?

2. Bewegen Sie sich selbstbewusst. Gehen Sie aufrecht? Ist Ihr Schritt fest oder unsicher? Gehen Sie mit erhobenem Kopf oder schauen Sie lieber zur Seite? Sind Ihre Bewegungen hastig oder harmonisch? Haben Sie das Bedürfnis, ständig die Hände zu reiben oder andere Bewegungen mit ihnen zu vollführen?

3. Nehmen Sie einen selbstbewussten Gesichtsausdruck an. Blicken Sie Ihrem Gegenüber freundlich in die Augen oder meiden Sie Blickkontakt? Kennen Sie Ihre Mimik? Bringt sie Interesse und Anteilnahme zum Ausdruck, ist sie lebhaft und ausdrucksvoll oder starr?

4. Sprechen Sie selbstbewusst. Sprechen Sie langsam und laut oder hastig und leise? Hat Ihr Tonfall eine Melodie oder ist er monoton? Sprechen Sie die Worte und Sätze bis zum Ende deutlich aus oder verschlucken Sie Wort- und Satzenden? Machen Sie Pausen, um nachdenken zu können? Versprechen Sie sich oft oder nehmen Sie sich Zeit zum Reden?

Wenn Sie große Defizite festgestellt haben, sollten Sie gezielt daran arbeiten. Ihre Körperhaltung können Sie zum Beispiel verbessern, indem Sie täglich Haltungsübungen machen. Erkundigen Sie sich bei einem Sportarzt oder bei Ihrer Krankenkasse, wo Sie die richtigen Übungen lernen können. Sie können auch einem Fitnessclub beitreten und dort etwas für Ihre Haltung tun. Nur tun müssen Sie es. Die Mimik und Gestik werden am besten in der Realität geübt. Sie können natürlich auch vor dem Spiegel oder der Videokamera anfangen. Aber mit dem Auftreten ist es wie mit dem Schwimmen: Wirklich lernt man es nur im Wasser bzw. im Kontakt mit anderen Menschen. Mit Sprachübungen können Sie ebenfalls zu Hause beginnen. Lesen Sie jeden Tag einen Zeitungstext laut vor und nehmen Sie Ihren Vortrag auf Kassette auf. Hören Sie ihn sich genau an und verbessern Sie schrittweise die Fehler.

Um sich Ihrer selbst bewusst zu werden, sollten Sie einmal etwas tiefer in Ihr „Ich" abtauchen. Selbsterkenntnis und sicheres Wissen über die eigene Stellung in der Familie, im Unternehmen u. Ä. hat viel mit dem zu tun, woher wir kommen und wohin wir wollen. Versuchen Sie daher, sich über folgende Fragen klar zu werden:

- Wo liegen meine Wurzeln?
- Was habe ich im Leben erreicht, was nicht?
- Wie bin ich?
- Wer liebt mich?
- Mag ich mich selbst?
- Was will ich im Leben noch erreichen?

Das sind Fragen, die Sie sich nicht jeden Tag stellen (sollten). Dennoch macht die gelegentliche Beschäftigung damit Sinn, um die eigene Person richtig einschätzen und einordnen zu können.

Besonders die Ziele, die Sie sich stecken, beeinflussen Ihr Selbstbewusstsein. Menschen, die ziellos leben, kennen nicht das Gefühl, etwas lange Gewolltes erreicht zu haben. Neben dem Lustgefühl erfahren Sie auf der Zielgeraden auch einen Zuwachs an Selbstvertrauen. Denn: Selbstbewusstsein wächst mit den Erfolgen. Also: Setzen Sie sich realistische Ziele. Dabei sollten Sie Folgendes beachten:

Die richtige Zielsetzung

- Mehrere kleine Ziele sind leichter zu erreichen als ein großes.
- Verlagern Sie Ziele nicht zu weit in die Zukunft, sonst geht Ihnen womöglich vor Erreichung die Puste aus.
- Ziele immer wieder an der Realität überprüfen: Stimmt mein Ziel noch oder erfordert eine neue Lebenssituation ein neues oder verändertes Ziel?
- Überlegen Sie genau, wie Sie Ihr Ziel erreichen können.
- Definieren Sie Etappen oder Teilziele.

Versuchen Sie, sich selbst zu mögen. Wie klingt das für Sie? Sind Sie unzufrieden mit sich? Hadern Sie mit einer zu großen Nase oder zu schmalen Schultern? Wenn Sie morgens in den Spiegel schauen, denken Sie dann „Wie ich heute wieder aussehe!" oder sagen Sie sich „Ich bin o.k."? Menschen, die sich selbst mögen, leben meist im Einklang mit sich und der Welt. Die Zufriedenheit und das Gefühl, im Prinzip mit sich im Reinen zu sein, übertragen sich auf die Menschen in der Umgebung. Andererseits übertragen sich auch Unzufriedenheit und Unsicherheit. Menschen, die sich selbst nicht mögen, wirken oft gehemmt und haben Probleme, mit anderen Menschen normalen Kontakt aufzunehmen.

Tipps für Selbsthilfe in Sachen Selbstbewusstsein

1. Kritisieren Sie einzelne Schwächen, nicht Ihre ganze Person. Suchen Sie Ursachen dort, wo sie wirklich liegen.

2. Gewinnen Sie ein positives Selbstbild. Legen Sie mehr Gewicht auf Ihre Stärken. Versuchen Sie in der Schwäche noch etwas Positives zu sehen. Denn: Vollkommenheit ist unmöglich, und wer sich den Anschein der Vollkommenheit gibt, wirkt oft unsympathisch.

3. Lernen Sie, nein zu sagen. Tun Sie nicht ständig Dinge, die Sie nicht wollen. Werden Sie sich klar darüber, warum es Ihnen schwerfällt, nein zu sagen. Führen Sie sich vor Augen, warum es wichtig ist, nein sagen zu können: Es geht darum, eigene Ziele zu erreichen und Bedürfnisse zu verwirklichen, Grenzen zu setzen und insgesamt mehr Erfolg im Leben zu haben. Üben Sie das Neinsagen bei einfachen Bitten und steigern Sie sich dann.

4. Äußern Sie Wünsche, Forderungen und Gefühle. Welche Gefühle und Wünsche können Sie nur schwer äußern? Warum ist das so? Werden Sie sich Ihrer Gefühle und Wünsche klar und fangen Sie bei Freunden und in der Familie an, sie klar zu äußern.

5. Lernen Sie, mit Ihrer Wut umzugehen. Sie fressen alles in
   sich hinein und bekommen Magenschmerzen davon? Lassen Sie Ihre Wut heraus, wenn Sie allein sind. Versuchen Sie
   zunächst, Ihre Wut schriftlich mitzuteilen, wenn Sie es sich
   mündlich nicht trauen. Sagen Sie sachlich, was sie stört und
   dass Sie wütend sind. Ebenso können Sie vorgehen, wenn Sie
   in der Wut überreagieren.

3.6 Ein Stichwortzettel gibt Sicherheit beim Reden

Die Angst davor, mitten in einem Gedanken steckenzubleiben oder
den nächsten Gedanken zu vergessen, ist Hauptauslöser für übermäßiges Lampenfieber. Daher neigen viele Menschen dazu, ihre Argumentation abzulesen. Dieses verständliche Sicherheitsbedürfnis geht
zu Lasten der Überzeugungskraft. Sie halten sich mit beiden Händen
am Manuskript fest, schauen niemanden an, um nicht abgelenkt zu
werden, denken beim Sprechen nicht mit. Damit gehen fast alle rhe-
torischen Möglichkeiten, mit denen ein Vortrag wirkungsvoller und
überzeugender wird, verloren. Es wurde zwar der Inhalt vorgetragen,
aber jede Wirkungsmöglichkeit auf die Zuhörer verschenkt.

Daher benutzen erfolgreiche Redner ein Stichwortmanuskript. Es
gibt viele Empfehlungen, wie es aussehen sollte. Entscheidend ist, dass
Sie damit umgehen können, es als Stütze und Hilfe empfinden. Denn
Sicherheit benötigen Sie natürlich, auch dann, wenn Sie sich Ihrer
selbst und Ihres Themas vollkommen sicher zu sein scheinen. Niemand ist vor plötzlicher Leere im Kopf und der einsetzenden Panik
gefeit. Gut, wenn dann auf dem Stichwortzettel das nächste Argument steht, an dem man sich wieder aufrichten kann.

Erfahrene Redner empfehlen, kleine Zettel, etwa in der Größe A6
(ein A4-Blatt viermal geteilt) zu verwenden. Die können Sie bequem
in einer Hand halten und mit der anderen Hand noch gestikulieren. Schreiben Sie groß genug und nur wenige Stichworte auf einen

Zettel. Gliedern Sie übersichtlich – mit Zahlen vor oder Strichen unter jedem Argument. Nehmen Sie Regieanweisungen für sich selbst auf, wie „Frage stellen", „Folie auflegen", rote Unterstreichung für „hervorheben, lauter sprechen" oder „Blick" zur Erinnerung, dass Sie Ihre Zuhörer anschauen wollen. Zitate – falls Sie nicht auf der Folie erscheinen – sollten Sie wörtlich aufschreiben, ebenso wie Ihren Anfang, zumindest aber eine Schlusspointe. Wichtig ist es, die Zettel zu nummerieren, damit Sie auch dann die Reihenfolge einhalten können, wenn alles zu Boden gesegelt oder in der Hosentasche durcheinander gekommen ist. Schauen Sie so lange auf Ihren Stichwortzettel, bis Sie sich über das nächste Argument klargeworden sind. Dann lösen Sie sich davon und beginnen mit dem freien Sprechen. Dazu blicken Sie vom Zettel auf und schauen Ihre Zuhörer an. Nicht in den Zettel nuscheln, denn dann haben Sie den gleichen Effekt wie beim Ablesen.

Werden Sie nicht hektisch, wenn Sie nicht sofort Ihr nächstes Stichwort finden. Nehmen Sie sich die Zeit, Ihr Stichwortmanuskript zu studieren. Diese Zeit steht Ihnen zu und erzeugt zudem die erforderliche Pause, die Sie und Ihre Zuhörer zum Nachdenken und Verdauen des Gesagten brauchen. Wenn Ihnen zu einem Stichwort in der Aufregung plötzlich nichts mehr einfällt, gehen Sie einfach zum nächsten über. Sie holen das Versäumte dann nach, wenn der „Blackout" vorbei ist.

3.7 Blackout: Was tun beim Steckenbleiben?

Es ist passiert: Trotz perfekter Vorbereitung und Stichwortmanuskript ist der Faden weg, der Kopf ist plötzlich wie leer gepustet. Was tun? Kritische Situationen, in denen plötzlich der rote Faden verloren ist und man vor einer gähnenden geistigen Leere steht, treten nicht nur bei Rede und Vortrag auf. Auch bei wichtigen Gesprächen und Verhandlungen sowie in Prüfungen kommt es zu Denkblockaden.

Aber keine Angst! In aller Regel dauern sie nur wenige Sekunden. Man kann sich dieses Phänomen in etwa so vorstellen, als würde es bei einem Computer einen (vorübergehenden) Datenverlust geben – und zwar genau dann, wenn die Information am dringendsten benötigt wird. Die Daten sind noch irgendwo auf der Festplatte – dem Gehirn –, aber ein Zugriff darauf ist im Moment nicht möglich. Das System fährt komplett herunter. Jetzt hilft nur ein Neustart. Ursache von Blackouts sind extreme Stresssituationen mit der damit verbundenen Angst. Der Autorin ist es einmal in einem Interview für einen Radiosender passiert, dass sich nach einer eigentlich einfachen Frage des Moderators buchstäblich kein Gedanke mehr im Kopf befand. Da es sich um ein Interview handelte, dass live übertragen wurde, war die Aufregung zuvor natürlich groß. Peinlicherweise – oder glücklicherweise – ging es um das Thema Stress. Nach einer kurzen Paniksekunde lag die Rettung in der Bemerkung, dass der Moderator seine letzte Frage wiederholen möge, weil sich gerade ein Blackout eingestellt habe – ein schönes Beispiel dafür, wie sich Stress bemerkbar macht. Das wirkte fast ein wenig abgesprochen, war es aber ganz und gar nicht.

Wenn überhaupt noch Gedanken auftauchen, dann nur noch wie durch einen Tunnel betrachtet. Während man genau weiß, dass man auf die Frage eigentlich mindestens zehn Antworten geben bzw. Aspekte behandeln kann, fällt einem in dieser Stresssituation – wenn überhaupt – nur ein einziger Stichpunkt ein. Mehr nicht. Auch wenn es banal klingt, es hilft dann eigentlich nur eines: den Blackout offen – vielleicht mit ein wenig Selbstironie – zugeben und damit an die Hilfsbereitschaft von Publikum oder Prüfer appellieren. Etwa mit den Worten: „Es tut mir leid, meine Damen und Herren, mein nächster Gedanke ist gerade wie weggeblasen. Aber ich denke, dass wir ihn zusammen wiederfinden werden. Wo war ich gerade stehengeblieben?"

Es gibt eine Reihe weiterer Tricks, mit denen Sie aus dieser hässlichen Situation herauskommen. Neben dem gründlichen, möglichst ruhigen Studium des Manuskripts sind das beispielsweise:

- Atmen Sie tief ein und aus, auch ein paar Mal, wenn es sein muss, und konzentrieren Sie sich auf den Atem. Die Panik legt sich dann ganz schnell.
- Schieben Sie eine Wiederholung des vorher Gesagten ein. Dadurch schinden Sie
- Zeit und finden vielleicht den roten Faden wieder.
- Fassen Sie zusammen oder stellen Sie eine Frage zum Gesagten, etwa wie „Bestehen bis zu diesem Punkt noch Unklarheiten?" oder „Welche Erfahrungen haben Sie damit gemacht?".
- Legen Sie die nächste Folie auf und machen Sie einfach mit dem nächsten Tagesordnungspunkt weiter. „Ein weiterer wichtiger Aspekt ist ..." Später, wenn sich die Aufregung gelegt hat, können Sie noch einmal zum unvollendeten Thema zurückkehren: „Ich komme jetzt noch einmal auf das Thema XYZ zurück."
- Nennen Sie ein weiteres Beispiel für Ihr Argument.
- Erzählen Sie eine passende, extra zum Thema und für diese Situation vorbereitete Anekdote.
- Legen Sie sich einen „Stichwortzettel für alle Fälle" an, auf dem diese „Notausgänge" vermerkt sind.

3.8 So atmen, sprechen und gestikulieren Sie richtig beim Vortrag

Neben der Sprache besitzt jeder Sprechende weitere Ausdrucksformen. Sie machen den Vortrag verständlich, eindrucksvoll, interessant und geben – richtig und bewusst angewendet – dem Sprechenden zugleich Sicherheit.

Jeder kennt den Ausdruck „Mit Händen und Füßen reden". Wenn wir uns weder in Deutsch noch einer anderen uns bekannten Sprache verständigen können, nehmen wir automatisch die Hände zuhilfe.

Wir kehren zur ursprünglichen Verständigung zwischen Menschen zurück, die auch Gehörlose benutzen, Pantomimen und Dirigenten. Der menschliche Körper ist ein Ausdrucksmittel, er spricht immer mit, meist allerdings unbewusst. Jeder Flirt beginnt mit Blicken und Gesten. Wenn wir etwas erklären wollen, beschreiben unsere Hände ungewollt Formen und Linien, nimmt unser Gesicht einen begeisterten oder gelangweilten Ausdruck an. Mimik und Gestik spielen uns sogar manchmal einen Streich: Wenn Sie einen Kollegen scheinbar interessiert fragen, wie sein Urlaub war, dabei aber an ihm vorbeischauen und die Hände mit etwas anderem beschäftigt sind, wird er nicht viel erzählen. Mimik und Gestik haben verraten, dass Sie in Wirklichkeit kein großes Interesse an einer Antwort haben.

Es gibt sogar eine eigene Wissenschaft von der menschlichen Körpersprache: die Kinesik. Sie hat z. B. ermittelt, dass ein Redner die Hälfte aller Informationen über seine eigene Persönlichkeit durch Körpersprache vermittelt. Meistens unbewusst – und vielleicht nicht immer zu seinem Vorteil. Grund genug, nachfolgend einige Aspekte der Körpersprache anklingen zu lassen.

Der Blickkontakt ist die erste und natürlichste Art, Zugang zu anderen Menschen zu finden. „Sein Blick sprach Bände", heißt es, wenn jemand ein Gefühl oder eine Haltung durch seinen Blick verrät. Am besten, Sie nehmen gleich zu Beginn Ihres Vortrages, noch bevor Sie zu reden beginnen, Blickkontakt mit einem Menschen auf, den Sie kennen oder der von sich aus körpersprachliche Signale an Sie sendet. Suchen Sie sich einen solchen Verbündeten. Besser einen als gar keinen! Viele machen den Fehler und schauen zu Beginn voller Angst in die Runde, ob jemand Anstoß nimmt oder unzufrieden ist. Das verunsichert noch mehr. Wenn Sie sich des einen Verbündeten sicher sein können, suchen Sie sich einen zweiten, einen dritten ..., mal links von Ihnen, mal rechts, mal in der Mitte. So fühlen sich möglichst viele Zuhörerbereiche angeblickt und angesprochen. Von Ihren Verbündeten werden Sie durch Blickkontakt erfahren, wie die Rede oder der Diskussionsbeitrag ankommt. Rückversicherungen dieser „nonverbalen" Art entkrampfen und geben Sicherheit.

Fehlerhafter Blickkontakt

- Redner streift kurz über alle Zuhörer hinweg.
- Redner starrt ständig auf einen einzigen Punkt im Raum.
- Redner ignoriert Publikum, blickt hilfesuchend zur Decke.
- Redner blickt nur auf einen einzigen Zuhörer.
- Redner schaut aus dem Fenster.
- Redner stiert zu Boden.
- Redner hält die Augen krampfhaft auf das Manuskript gesenkt.

Ihre Haltung spricht ebenfalls Bände über Ihr Befinden. Wer aufgeregt hin und her läuft, fahrig mit den Händen hin- und her fuchtelt und dabei vielleicht sein Wasserglas umreißt, macht das Publikum nervös und lenkt es vom Inhalt des Vortrages ab. Wenn Sie während der Argumentation sitzen, beugen Sie sich dem Publikum leicht entgegen und stellen die Füße fest auf den Boden. Im Stehen nehmen Sie ebenfalls einen festen Stand ein und widerstehen der Versuchung, von einem Bein auf das andere zu treten. Wenn Sie nicht hinter dem Pult stehen wollen – auch gut. Wichtig ist, dass Sie aus einer bequemen Position Kraft beziehen. So strahlen Sie Ruhe und Ausgeglichenheit aus. Der feste Kontakt mit dem Boden überträgt sich beruhigend auf Sie. Stehen Sie aber bitte nicht steif wie ein Soldat. Das wirkt verkrampft und behindert die Atmung.

Die Gestik, also alles, was Ihre Arme, Hände und Finger machen, gibt freizügig Auskunft über Sie. Eine sparsame Gestik wirkt in aller Regel ängstlich oder reserviert, große Gesten sicher und souverän. Aber bitte Vorsicht vor Übertreibungen! Die Gestik soll zu Ihnen, zur Situation und zum Thema passen. Erhobene Zeigefinger wirken belehrend und sind verboten. Gebärden sind sehr ursprüngliche Ausdrucksmittel.

„Gebärde dich doch nicht so!", sagt die Mutter vorwurfsvoll zum Kleinkind, wenn es seine Unlust oder sein Unwohlsein mit Hilfe von Händen und Füßen ausdrückt. Weit ausgestreckte Arme beim Baby bedeuten „Nimm mich aus dem Bettchen, hab mich lieb". Ein bezauberndes Lächeln dazu, und jede Mutter schmilzt dahin. Mit natürlicher, gewinnender Gestik kann auch ein Erwachsener viel erreichen. Leider geht uns vor allem in Stresssituationen oftmals das Natürliche und Ungezwungene verloren, was Hindernisse zum Zuhörer aufbaut.

Viele Redner und Vortragende wissen schlicht nicht, wohin mit ihren Armen und Händen. Daher sei Anfängern empfohlen, einen Stichwortzettel in eine Hand zu nehmen. Stichwortzettel sind natürlich nicht nur dazu da, um sich daran festzuhalten, aber es hilft. Eine Hand ist jetzt beschäftigt und zwar in der richtigen Höhe. Denn grundsätzlich sollten sich die Arme oberhalb der Hüftlinie, im so genannten Positiv-Bereich, befinden. Sie schauen ab und an in den Stichwortzettel und halten einen Arm leicht angewinkelt im Positiv-Bereich: So ist es richtig. Und der andere Arm? Den sollten Sie gut unter Kontrolle behalten. Wenn Sie damit ständig in die Hosentasche hinein- und wieder herausfahren, den Kugelschreiber knipsen oder sich fahrig durchs Haar streichen, ist der ganze Positiv-Bereich-Effekt der anderen Hand wieder dahin.

Gestik als Sündenfall

Die Hände klammern sich krampfhaft am Rednerpult fest.	keine Gestik, Zeichen für mangelnde Souveränität
Die Hände machen sich selbständig, fahren durchs Haar, fassen an Nase und Ohr.	Publikum wird abgelenkt, Inhalt tritt in den Hintergrund, Unsicherheit
Die Hände sind vor der Brust verschränkt.	Redner zieht sich in sich selbst zurück, baut sichtbare Barriere auf

Die Hände sind auf dem Rücken.	kann je nach Situation als ängstlich oder überheblich empfunden werden; keine Gestik möglich
Hände werden in die Hüfte gestemmt.	wirkt herausfordernd und bedrohlich
Hände werden unterhalb der Gürtellinie gefaltet.	Beerdigungshaltung; keine Gestik möglich; ermüdend
Arme und Hände hängen unbeweglich am Körper herab.	Gestik kommt in der Regel zu spät, da natürliche Gestik dem dazugehörigen Wort einen Sekundenbruchteil vorausgeht: ehe der Arm oben ist, ist das Wort schon gesprochen; wirkt unnatürlich und linkisch
Die Hände werden ständig an einander gerieben.	kann als Schadenfreude missverstanden werden

Nach all den negativen Beispielen stellt sich die Frage, was denn nun mit den Armen und Händen anzufangen ist, um den Vortrag nicht zu stören, sondern zu unterstützen? Grundsätzlich gilt: Seien Sie natürlich. Einstudierte Gesten werden schnell als Schauspielerei erkannt. Wenn Sie zu einer der oben genannten Schwächen neigen, kämpfen Sie bewusst dagegen an. Es macht nichts, wenn die Hand manchmal in die Hosentasche rutscht. Nur bleiben sollte Sie nicht längere Zeit dort. Schreiben Sie doch einfach rot in Ihren Stichwortzettel: Hände aus den Hosentaschen. So erinnern Sie sich selbst daran und können es schnell korrigieren. Behalten Sie die Hände oben, gestikulieren Sie nicht wild, sondern ruhig. Öffnen Sie sich, indem Sie mit nach oben gerichteten Handflächen die Arme öffnen. So senden Sie positive Signale aus. Nach unten oder vom Körper weg gerichtete Handflächen dagegen signalisieren Abwehr. Nachdem sich die Anfangsspannung gelegt hat, dürfen Sie sich dem natürlichen Bewegungsbedürfnis Ihres Körpers überlassen. Jetzt wirken Sie authentisch.

Noch ein Wort zum Redeanlass: Unterscheiden Sie bitte zwischen einem Diskussionsbeitrag von fünf Minuten und einer einstündigen Rede vor großen Publikum. Bei Ersterem setzen Sie in der Regel die Körpersprache sparsam ein. Bei einer Überzeugungsrede dagegen sind „große Gesten" durchaus angebracht.

Ähnlich wie die Gestik ist uns auch die Mimik im Grunde angeboren. Unsere Gefühle spiegeln sich vor allem im Gesicht wider. Da Sie Ihren Zuhöreren wahrscheinlich freundlich und mit Sympathie begegnen, fällt es Ihnen auch nicht schwer, einen freundlichen Gesichtsausdruck zu zeigen. Ihr Gesicht sagt: „Ich bin froh, dass Ihr da seid und mir zuhören wollt." Aber Vorsicht: Ein zur Maske erstarrtes Lächeln wirkt ebenso unecht wie ein undurchdringliches Pokergesicht. Versuchen Sie nicht, sich zu verstellen oder ein vorher eingeübtes Minenspiel vorzutragen. Das geht garantiert schief. Sie wissen selbst, dass es angenehm ist, einem Redner zuzuhören, bei dem Worte, Gestik und Mimik wie selbstverständlich zusammenpassen. Nicht nur der Inhalt sollte abwechslungsreich, interessant und belebend wirken, auch das Hand- und Minenspiel. Üben Sie allein vor dem Spiegel oder vor guten Freunden, welche Mimik und Gestik sich bei bestimmten Aussagen „von ganz allein" einstellt. Das gibt Sicherheit für eine natürliche Körpersprache, die einzusetzen sonst vielleicht Hemmung oder Zurückhaltung verhindert.

Unerfahrenen Rednern verschiebt sich mitunter die Stimmlage vollkommen. Vor Aufregung sprechen Sie viel höher als sonst. Das ist ganz natürlich und vergeht mit wachsender Routine. Sie können aber einiges tun, um Ihre Stimme zu schulen und gekonnt einzusetzen:

- ■ **Tiefe Bauchatmung.** Wenn Sie tief bis in den Bauch hinein einatmen, haben Sie mehr Luft für das, was Sie sagen wollen. Sie brauchen nicht ständig „nach Luft schnappen" und wirken ruhig.
- ■ **Deutlich sprechen.** Keine Wortenden verschlucken, weil Sie sonst unverständlich sprechen. Wenn Sie dazu neigen, zeichnen Sie Ihren Vortrag vorher mit dem Tonband auf und korrigieren Sie ganz bewusst Fehler.

■ **Langsam sprechen.** Die meisten Menschen neigen dazu, ihren Text recht schnell abzuhaspeln. Das erzeugt Unruhe und Unverständnis. Zudem berauben Sie sich selbst der Möglichkeit, während des Sprechens zu denken und neue Gedanken zu entwickeln. Aber Vorsicht: Nicht einschläfernd langsam sprechen.

■ **Laut sprechen.** Wenn kein Mikrofon zur Verfügung steht, sprechen Sie lauter als sonst und fragen Sie, ob jeder Sie verstehen kann.

■ **Pausen machen.** Pausen sind entscheidend beim Reden. Pausen nach einer Argumentationskette ermöglichen es Ihnen, tief Luft zu holen und nachzudenken, was Sie als Nächstes sagen wollen. Ihre Zuhörer bekommen Zeit, über das Gesagte nachzudenken, Ihre Argumentation zu verarbeiten. Pausen vor einem Argument erhöhen die Spannung und vermitteln: Jetzt kommt etwas wirklich Wichtiges. Pausen sind wie Satzzeichen, die Sie ja nicht mit ansagen können. Pausen sind Erholung für alle. Sie gliedern den Vortrag sinnvoll und nehmen das Tempo bewusst heraus.

■ **Richtig betonen und Tempo variieren.** Ein monotoner Redefluss ist äußerst ermüdend. Ein Hypnotiseur verwendet ihn bewusst, um Menschen schläfrig zu machen. Sie aber wollen das Gegenteil bewirken. Versuchen Sie, Ihrer Sprache Rhythmik zu verleihen und wichtige Dinge durch Heben der Stimme oder kurzzeitiges Lauterwerden zu unterstreichen. Sprechen Sie einen einfachen Satz, wie „Mir ist unklar, warum das schiefgelaufen ist", indem Sie nacheinander die verschiedenen Satzteile durch Betonung hervorheben. Es ergeben sich ganz unterschiedliche Nuancen im Sinn der Aussagen.

■ **Verlegenheitswörter vermeiden.** Ständiges „öh", „äh", „also" und Räuspern stört und zerhackt den Gedanken. Sprechen Sie lieber etwas langsamer, wenn Sie mit dem Denken nicht hinterherkommen.

■ **Dialekt zügeln.** Ein Dialekt ist nicht für jeden verständlich und stößt oft auf Ablehnung.

Vor allem richtiges Atmen ist eine Grundvoraussetzung für gutes, wirkungsvolles Sprechen. Nur wer genug Atem parat hat, spricht laut, ruhig und melodiös. Jeder Gedanke sollte mit einer Atem-Portion vorgetragen werden. Wenn Sie nämlich mitten im Gedanken Luft holen müssen, wirkt das hektisch und atemlos. Tiefe Atmung wirkt sich zudem günstig auf die Redeangst aus. Sie hilft Ihnen, sich vor Ihrem Vortrag zu entspannen. Der Aufwand ist gering, die Wirkung jedoch enorm.

Was passiert beim Sprechen? Unsere Stimme wird im Kehlkopf erzeugt. Muskeln bewirken, dass sich unsere Stimmbänder beim Sprechen spannen. Die Höhe des Tons wird durch eine unterschiedliche Spannung der Stimmbänder bestimmt. Ein tiefer Ton mit niedriger Schwingungs-Frequenz braucht eine geringere Spannung und ist daher weniger anstrengend als ein hoher Ton. Das Medium, durch das die Schallwellen aus dem Kehlkopf in den Mundraum und dann in den Mund befördert werden, ist die Luft. Sie ist der Schallträger. Ohne Luft ist kein Sprechen möglich. Viel Luft bedeutet, dass sich die Schallwellen gut ausbreiten können. Wer also beim Sprechen nur nach Luft schnappt, wird keinen ordentlichen Ton zustande bringen. Aber Atmen ist doch ein unwillkürlicher Vorgang, werden Sie vielleicht denken. Das stimmt. Unbewusste Atmung ist meist eine oberflächliche Brustatmung. Der Brustkorb hebt und senkt sich leicht, die Luftmenge, die dabei eingeatmet wird, ist gering. Wenn Sie dagegen tief einatmen und die Luft bis ins Zwerchfell gelangt, steht beim Ausatmen und damit beim Sprechen eine weitaus größere Menge zur Verfügung. Atmen Sie also bewusst bei lockerer Haltung tief ein, so dass sich der Bauch sichtbar anhebt. Haben Sie das eine Weile getan, werden Sie merken, dass Sie allmählich ruhiger werden. Beim Sprechen verfahren Sie auf diese Weise und können nun vernünftig reden. Die tiefe Atmung regt übrigens auch Herz und Kreislauf an und wirkt sich so auf Ihr Gesamtbefinden positiv aus.

Neben dem Atmen bestimmt die Aussprache der Vokale ganz wesentlich den Klang unserer Stimme. Wer die Vokale wirkungsvoll ausspricht, wird einen Wohlklang seiner Stimme erreichen. Besonders die lang gesprochenen Vokale erzeugen einen herrlichen Ton. Üben Sie, indem Sie Worte wie „Masern" „Basis", „Seele", „Kehle", „Tiger", „Diener", „Boot", „Moos", „Mut" und „Rute" ganz genüsslich und übertrieben aussprechen. Beim „a" muss der Mund weit geöffnet, beim „e" möglichst breit gezogen werden. Lesen Sie Texte, die Sie sowieso lesen wollen, laut vor und achten Sie auf die Vokale. Sie werden merken, dass Ihre Stimme mehr Ausdruck bekommt, Sie deutlicher sprechen und weniger Silben verschlucken.

3.9 Die richtige Strategie beim Vorstellungsgespräch

Wer Vorstellungsgespräche inhaltlich gut meistern will, kann sich die Situation erleichtern, in dem er die äußere Form wahrt. Einen guten Eindruck hinterlässt man nicht nur durch kluge Fragen und Antworten, sondern auch durch kluges Auftreten. Daher kann es sinnvoll sein, sich vorab einmal über die verschiedenen Möglichkeiten zu informieren, wie ein Vorstellungsgespräch günstig zu beeinflussen ist. Da jeder Mensch neben dem, was er sagt, vor allem mit dem wirkt, wie er etwas sagt und tut, dürfen diese Mittel nicht unterschätzt werden. Es doch zu tun bedeutet unter Umständen, Pluspunkte zu verschenken.

Wer sich möglichst gelassen und unbeschwert gibt, kann wichtige Sympathiepunkte sammeln. Dieser Bonus ist wichtig, damit das folgende Gespräch in einer entspannten Atmosphäre stattfinden kann. Allerdings kann auch eine natürliche Aufgeregtheit sympathisch wirken. Es gibt kein Rezept für das richtige Verhalten. Zu viele Faktoren beeinflussen den Vorgang, der beim ersten Kennenlernen zu Sympathie oder Antipathie führt. Fakt ist: Einstudiertes Verhalten wirkt nicht authentisch und daher auch nicht sympathisch. Es hat also keinen Sinn, beim Vorstellungsgespräch eine Rolle zu spielen, von der Sie glauben, dass sie Anerkennung findet. Zum einen kennen

Sie nicht die Vorlieben Ihres Gesprächspartners, zum anderen merkt ein halbwegs sensibler und erfahrener Personalfachmann, wenn Sie sich verstellen. Besser ist es, sich der Stärken der eigenen Persönlichkeit bewusst zu werden und diese Stärken bewusst einzusetzen. Außerdem hilft es immer, Gefühl zu zeigen. Schließlich sprechen Sie mit Menschen, und die sind in den meisten Fällen für Gefühle empfänglich. Ob bewusst oder unbewusst, sei dahingestellt. Wer eigene Gefühle aus- und die anderer Menschen anspricht, zeigt Persönlichkeit und Engagement. Das wird honoriert. Natürlich sollt dies in angemessener Form geschehen, nicht überschwänglich. Sonst droht die Sache peinlich zu werden. Aber eine gewisse Portion Begeisterung für Ihre neue Stelle und eine emotionale Beteiligung an dem, was Ihr Gesprächspartner sagt, wirken sich garantiert förderlich auf das Gespräch aus. Dabei zeigen Sie Ihre Gefühle nicht nur in Ihrer Wortwahl, sondern auch nonverbal durch Gestik, Mimik und durch Ihre Augen. Alles zusammen spricht den Teil Ihres Gegenübers an, den auch die klügste Antwort nicht erreicht: sein Herz.

Salonfähiges Benehmen sollte eigentlich selbstverständlich sein. Wobei mit salonfähig nicht geziert oder gekünstelt gemeint ist, sondern natürlich und gekonnt. Wer sich in beruflichen oder geschäftlichen Anlässen wie bei Bewerbungsgesprächen nicht angemessen zu benehmen weiß, wird mit Ablehnung gestraft. Oder anders ausgedrückt: Hat der Gesprächspartner den Eindruck, dass der Bewerber die gesellschaftlichen Spielregeln kennt und gute Umgangsformen hat, traut man ihm auch andere soziale Kompetenzen zu. Das ist zum Beispiel daran zu erkennen, dass manche Personalverantwortliche ihre Kandidaten zu einem Geschäftsessen einladen, um so herauszufinden, wie deren Kinderstube gewesen ist. Menschen mit gepflegten Umgangsformen, so der Hintergedanke, können das Unternehmen auch ansonsten tadellos repräsentieren, kommen im Team meist gut zurecht und werden akzeptiert. Gutes Benehmen ist so etwas wie eine gemeinsame Basis, etwas, worauf man sich gesellschaftlich geeinigt hat und über das normalerweise nicht mehr groß geredet werden muss.

Bei der Begrüßung zu Ihrem Vorstellungsgespräch sind Sie als Gast betont zurückhaltend. Wird Ihnen ein Handschlag angeboten, fassen Sie ordentlich zu, ohne die Hand des anderen zu zerquetschen. Suchen Sie sofort freundlichen Blickkontakt. Wenn Sie den Namen des Interviewers kennen, dürfen Sie ihn bei der Begrüßung ruhig mit einem „Guten Tag, Herr Müller" ansprechen. Warten Sie, bis Ihnen ein Stuhl angeboten wird, und setzen Sie sich bequem hin: weder auf die vordere Kante noch zu weit zurückgelehnt. Das eine wirkt nervös und unsicher, das andere zu salopp. Aufrecht, mit einer leichten Hinwendung zum Gesprächspartner und einem wachen Blick – so zeigen Sie Aufmerksamkeit und Interesse an dem, was auf Sie zukommt. Sind mehrere Personen im Raum anwesend, von denen niemand sofort auf Sie zukommt, gehen Sie zuerst zu den Damen, um sie zu begrüßen. Danach werden die älteren Herren und zum Schluss die jüngeren Herren begrüßt. Handküsse sind natürlich tabu!

Im Verlauf des Gesprächs bleiben Sie betont zurückhaltend und überlassen die Initiative Ihrem Gesprächspartner. Fallen Sie niemandem ins Wort, auch wenn Sie dazu noch so gerne etwas sagen wollen. Fordert man Sie auf, Ihre Meinung zu sagen, so bleiben Sie immer sachlich und fassen sich kurz. Auch Provokationen wie bei Stressinterviews üblich halten Sie Ihr gutes Benehmen entgegen. Achten Sie unbedingt auf die Reaktionen Ihres Gegenübers: Fängt er zum Beispiel an, gelangweilt seine Fingernägel zu betrachten oder nervös auf die Tischplatte zu trommeln, kommen Sie mit Ihrer Antwort sofort zum Ende.

Zu einem guten Stil gehört natürlich auch die dem Anlass angemessene Kleidung. Kleidung hat seit jeher eine größere Bedeutung als nur vor Kälte zu schützen. Häufig sagt sie etwa aus über den Charakter des Trägers, über seine Zugehörigkeit zu einer bestimmten Berufsgruppe oder gesellschaftlichen Schicht. Die Garderobe wird entsprechend des Anlasses nach ungeschriebenen, aber anerkannten Gesetzen gewählt. Wer sich nicht daran hält, signalisiert bewusst oder unbewusst, dass er nicht dazugehört. Die Folge sind oft Ablehnung und Ausgrenzung.

Kleidung kann die Absichten des Trägers signalisieren. Ein seriöses, als geschäftsmäßig anerkanntes Outfit deutet auf die Absicht hin, ein Geschäft machen zu wollen. Leger kleidet man sich eher im Freizeitbereich. Deshalb ist es wichtig, gerade im Berufsleben die „Aussagen" der Kleidung zu kennen und zu berücksichtigen. Da wir wissen, dass unsere Wirkung auf andere zu großen Teilen von unserem Äußeren ausgeht und wir vor allem nach unserem Auftreten beurteilt werden, sollten wir Garderobe und Accessoires ein wenig Aufmerksamkeit schenken.

Grundsätzlich sollten sie Ihren Typ unterstreichen und zugleich zum Anlass passen. Dabei müssen Sie wahrscheinlich einen Kompromiss finden: Wenn Sie zum Beispiel kein Anzug- oder Kostümtyp sind, sondern am liebsten Jeans tragen, können Sie bei geschäftlichen Anlässen auf eine sportliche Kombination aus Hose und Blazer zurückgreifen bzw. als Frau einen Hosenanzug tragen. Zwängen Sie sich auf keinen Fall in ein ungeliebtes Kleidungsstück, bloß um dem Anlass zu entsprechen. Sie fühlen sich darin garantiert unwohl und wirken womöglich die ganze Zeit über gehemmt. Erkundigen Sie sich in der Personalabteilung oder im Sekretariat nach der im Unternehmen üblichen Kleiderordnung bzw. nach den Gepflogenheiten bei Vorstellungsgesprächen.

Im Allgemeinen ist die „Etikette" heute nicht mehr so streng wie noch vor 20 oder 50 Jahren. Es bleiben Ihnen also genug Möglichkeiten, mit Farben und Formen zu spielen, und trotzdem in den Rahmen der Veranstaltung zu passen. Mit den richtigen Farben, die Ihrem Hauttyp entsprechen, bringen Sie Ihr Gesicht zur Geltung.

So wirken die richtigen Farben auf Ihr Gesicht

- Die Gesichtszüge wirken harmonischer.
- Die Augen strahlen stärker.
- Die Haut wirkt frischer.
- Fältchen treten in den Hintergrund.

Exkurs: Farblehre

Farben haben seit Urzeiten symbolhafte Bedeutungen und werden mit Stimmungen oder menschlichen Eigenschaften in Verbindung gebracht. Wenn Sie den Wert solcher Farbdeutungen auch nicht überschätzen sollten – sie können immerhin interessante Anhaltspunkte geben. Schwarz gilt bei uns als repräsentativ und festlich. Viele Frauen haben daher ein „kleines Schwarzes", viele Männer einen schwarzen Anzug im Schrank. Im Zweifel sind Sie bei festlichen oder feierlichen Anlässen mit Schwarz immer richtig angezogen. Für das Vorstellungsgespräch wirkt Schwarz aber sicher überzogen. Weiß ist die Farbe der Reinheit. Menschen, die Weiß lieben, sind meist offen und optimistisch. Rot signalisiert Leidenschaft, Energie, Lebenslust. Rot-Liebhaber besitzen meist starke Gefühle und klare Ziele. Von kräftigem Rot – außer als Accessoire – ist allerdings bei geschäftlichen Anlässen abzuraten. Grün ist die Farbe der Hoffnung und Zuversicht. Es ist die Farbe der Natur und wirkt beruhigend. Menschen mit einer Vorliebe für grün gehen nicht selten mit Bedacht an die Dinge heran und bewahren Sicherheitsabstand. Gelb wirkt heiter, warm und hell. Es ist die Farbe der Sonne und wird gern von aufgeschlossenen, lebenslustigen und vielseitigen Menschen getragen. Blau ist ein Zeichen von Ruhe. Menschen, die sich gern mit Blau umgeben, sind meist selbstbewusst, konstruktiv und konkret. Sie lieben Klarheit und Stille. Braun schließlich strahlt Gediegenheit und Erdverbundenheit aus. Es wirkt ruhig und kraftvoll. Menschen mit dieser Farbvorliebe sind oft ausdauernd, treu und praktisch veranlagt.

Welches sind Ihre Farben? Welcher Typ sind Sie? Farb- und Stilberater unterscheiden vier klassische Typen: den Frühlings-, Sommer-, Herbst- und Wintertyp mit seinen entsprechenden Farben. Viele Menschen lassen sich ganz eindeutig zu einem Typ zuordnen, andere sind „Mischformen" oder verstecken ihren Typ unter gefärbten Haaren und zu viel Make-up.

Die vier Farbtypen

Frühling

Haarfarbe	Augenfarbe	Hautfarbe	Ihre Farben
elfenbein, goldblond, rotblond, goldbraun, honig, kupfer	goldgrün, bernstein, goldbraun, türkis,	elfenbein, pfirsich goldbraun	gelbunterlegte, helle, frische und klare Farben, die warm strahlen

Sommer

Haarfarbe	Augenfarbe	Hautfarbe	Ihre Farben
silberblond, weißblond, alle aschfarbenen, kalten, Farben von hell- bis dunkelblond	blau, grau, blaugrau, grün, graugrün	rosig, weiß, oliv, oft: Sommersprossen	kalte, blauunterlegte, helle, pastellige und pudrige Farbtöne

Herbst

Haarfarbe	Augenfarbe	Hautfarbe	Ihre Farben
gold- bis dunkelbraun	oliv, goldgrün, bernstein, braun, grünbraun	elfenbein, pfirsich, goldbraun, beige	gelbunterlegte, kräftige, leuchtende und erdige Farben, die warm erscheinen

Winter

Haarfarbe	Augenfarbe	Hautfarbe	Ihre Farben
mittel-bis dunkelbraun, schwarz, blauschwarz, graublau	hell- bis dunkelblau, grau, grün	rosig, weiß, olivbraun,	blauunterlegte, kräftige, klare, kontrastreiche und eisige Farben

Vor einem wichtigen geschäftlichen Treffen – dazu zählt auch eine Bewerbung – sollten Sie mehr Zeit als sonst in die Wahl der Garderobe investieren. Es muss kein neues Kostüm sein. Schon die Kombination zweier Stücke aus Ihrem Kleiderschrank kann interessante Effekte erzielen. Bevor Sie sich auf den Weg machen, prüfen Sie vor dem Spiegel noch einmal ausführlich, ob alles passt, sitzt, nirgendwo ein Saum hervorschaut oder sich ein Fleck oder Fussel versteckt hat. Insgesamt sollte die Kleidung Sie mutiger und selbstbewusster beim Umgang mit anderen Menschen und in geschäftlichen Situationen machen. Wenn Sie selbst sich gefallen und wohl fühlen, in den Rahmen passen und merken, dass Sie von den anderen akzeptiert werden, haben Sie ganz sicher eine gute Wahl getroffen.

Wenn Sie die Kleiderfrage geklärt haben, gehen Sie einen Tag vor dem Gespräch an die letzte inhaltliche Vorbereitung. Sie kontrollieren alle Unterlagen auf Vollständigkeit, gehen noch einmal die Notizen zum Unternehmen durch und überprüfen, ob Sie alle Fragen aufgeschrieben haben, die Sie stellen wollen. Wenn noch irgendetwas unklar ist, dann klären Sie es jetzt. Stellen Sie ein, zwei vollständige Sätze Ihrer Bewerbungsunterlagen zusammen und legen Sie sie in eine ordentliche Mappe. Falls der Gesprächspartner keine vollständigen Unterlagen von Ihnen hat oder sich mehrere Interviewer eine Unterlage teilen müssen, können Sie aushelfen. Pluspunkt! In die Mappe kommen auch ein sauberer Notizblock und ein funktionierender Stift. Auch Visitenkarten machen keinen schlechten Eindruck.

Schauen Sie noch mal in die Einladung, ob Sie sich die richtige Zeit notiert haben. Überprüfen Sie, ob Sie die passende Bahn- oder Busverbindung herausgesucht haben bzw. ob das Auto betankt und fahrbereit ist. Falls das Unternehmen in der Nähe ihres Wohnortes liegt, können Sie vorab einmal hinfahren und sich einen Eindruck vom Unternehmen verschaffen. Dann sind Ihnen die Gegebenheiten nicht mehr völlig fremd, was sich positiv auswirkt. Außerdem lernen Sie dann den Anfahrtsweg kennen und wissen schon, wo sich Parkplätze befinden und wo das Gebäude steht, das Sie morgen aufsuchen werden. All das reduziert mögliche Unsicherheitsfaktoren und gibt Ihnen Sicherheit. Pflegen Sie sich am Tag vor dem Vorstellungsgespräch noch ein wenig. Alles, was Ihnen zu einem guten, sicheren Gefühlt verhilft, ist erlaubt. Nachdem das erledigt ist, gönnen Sie sich am Abend bewusst etwas Schönes, zum Beispiel ein gemütliches Essen mit Freunden. Allerdings sollten Sie übermäßigen Alkoholkonsum meiden. Auch vor Knoblauch-Atmen schützt nur absolute Abstinenz. Ob Sie zeitig oder spät ins Bett gehen, hängt von Ihren Schlafgewohnheiten ab. Wenn Sie aus Erfahrung wissen, dass Sie vor solchen Terminen ohnehin nicht gut schlafen, dann gehen Sie spät ins Bett. Es ist besser, wenig zu schlafen, als sich stundenlang schlaflos im Bett zu wälzen und Horrorvisionen zu entwickeln. Legen Sie eine Entspannungs-CD ein, machen Sie autogenes Training, Yoga oder Tai Chi oder gehen Sie in die Sauna: Sie wissen am besten, was Sie entspannt. Vor Beruhigungs- oder Schlaftabletten sei allerdings gewarnt. Sie verhindern tiefen Schlaf und wirkliche Entspannung und sind nur im äußersten Notfall erlaubt. Will sich überhaupt kein Schlaf einstellen, stehen Sie wieder auf und schreiben Sie sich Ihre Gedanken von der Seele. Dieser Trick hilft generell bei Einschlafschwierigkeiten, die mit nächtlichen Grübeleien zu tun haben. Haben Sie hierbei eine gute Idee oder sollte Ihnen noch etwas Wichtiges einfallen, notieren Sie auch das. Sie werden merken, dass Sie wesentlich ruhiger werden und nach etwa einer halben Stunde wieder schlafen können.

Nehmen Sie sich am Tag des Vorstellungsgesprächs besonders viel Zeit für die üblichen morgendlichen Erledigungen. Vermeiden Sie jede Hast. Wenn Sie gern morgens Joggen gehen, dann planen Sie dafür die entsprechende Zeit ein. Überhaupt ist Bewegung ein ideales Ablenkungsmanöver, da Sie sich auf Ihren Körper konzentrieren und negative Gedanken unterbinden können. Außerdem bringt Bewegung Atmung und Kreislauf in Schwung, beides gute Voraussetzungen, um Ihre Aufgabe gut zu lösen. Wichtig ist ein gutes Frühstück, je nachdem, was Ihnen schmeckt. Schauen Sie sich sorgfältig die Tageszeitung an, damit Sie informiert sind. Kommt eine aktuelle Frage zum Tagesgeschehen, können Sie problemlos antworten. Eine angenehme

Dusche oder ein warmes Bad verstärken das Gefühl, sich etwas Gutes zu tun, und fördern zudem erneut die Durchblutung. Kehren Sie gedanklich Ihre eventuellen Befürchtungen, was das bevorstehende Gespräch betrifft, in positive Formulierungen um. Sagen Sie sich, dass Sie besten Voraussetzungen dafür haben, den Job zu bekommen, und bewahren Sie dieses Gefühl. Mit etwas Glück, begleitet es Sie den ganzen Tag über. Kleiden Sie sich ruhig und betont sorgfältig. Gehen Sie überpünktlich los. Es ist ratsam, etwa eine Stunde vor dem vereinbarten Termin in der Nähe des Unternehmens bzw. des Ortes zu sein, an dem das Gespräch stattfinden soll. Planen Sie für die Fahrt dorthin viel mehr Zeit ein als an normalen Tagen. So kann Sie ein Stau oder eine unvermutete Umleitung nicht aus der Ruhe bringen. Es ist ein gutes, beruhigendes Gefühl, dass man allen Widrigkeiten zum Trotz pünktlich sein wird. Unterwegs können Sie sich ein Nachrichtenmagazin oder etwas Ähnliches kaufen, damit Sie Wartezeiten sinn- und niveauvoll überbrücken können.

Vor Ort angekommen, können Sie die verbleibende Zeit den Möglichkeiten bzw. Ihrem Temperament entsprechend nutzen. Gehen Sie ins Café oder in die Werkskantine (wenn kein Café in der Nähe ist), machen Sie einen Spaziergang oder Schaufensterbummel, setzen Sie sich in den Park oder schauen Sie Kindern auf dem Spielplatz zu. Ablenkung ist gegen übermächtigen Stress das beste Heilmittel. Versuchen Sie, möglichst nicht an die bevorstehende „Prüfung" zu denken. Machen Sie Atemübungen, Kreuzworträtsel oder was Ihnen einfällt. Etwa eine Viertelstunde vor dem Termin begeben Sie sich noch mal zur Toilette ganz in der Nähe des Raumes, in dem man Sie erwartet. Stress verursacht bei vielen Menschen Harn- und Stuhldrang, und dem sollten Sie nachgeben, bevor es losgeht. Am stillen Örtchen können Sie auch noch eine Atemübung machen, von der Sie wissen, dass sie funktioniert. Waschen Sie sich noch einmal gründlich die Hände, damit Sie möglichst keine feuchten, klebrigen Finger bei der Begrüßung haben. Falls Sie gerade unter Stress darunter leiden, legen Sie sich ein kleines Handtuch in die Tasche, das sie ganz kurz vor der Begrüßung noch einmal benutzen können. Nun werfen Sie einen letzten Blick in den Spiegel: Alles in Ordnung? Dann kann es ja losgehen. Etwa fünf Minuten vor dem vereinbarten Termin – nicht früher und nicht später – betreten Sie das Sekretariat oder begeben Sie sich zu dem im Einladungsschreiben angegebenen Raum.

Was Sie alles bei der Vorbereitung bedenken müssen   ✔

Ich neige zu übertriebenem Lampenfieber?   ❏

Wenn ja: Rechtzeitig vorher mit Entspannungsübungen beginnen.   ❏

Ich habe durch Sprechübungen und Videoaufnahmen mehr Sicherheit erlangt.   ❏

Normales Lampenfieber sollte nicht mit allen Mitteln unterdrückt werden, da es sich während des Gesprächs von selbst legt.   ❏

Ein Stichwortzettel gibt zusätzliche Sicherheit und beugt Stress vor.   ❏

Ich habe mich mit der Möglichkeit beschäftigt, während des Sprechens steckenzubleiben, und kenne einige Auswege.   ❏

Ich weiß, dass wirkungsvolles Sprechen viel Atem und richtige Atmung verlangt.   ❏

Natürliches, höfliches Verhalten bringt die meisten Sympathiepunkte.   ❏

Ich kenne die wichtigsten Benimm-Regeln für geschäftliche Anlässe.   ❏

Ich kenne „meine" Farben und weiß, wodurch ich in der Kleidung meinen Typ besonders unterstreichen kann.   ❏

Ich wähle angemessen Kleidung aus, in der ich akzeptiert werde und in der ich mich wohl fühle.   ❏

Accessoires und Düfte wähle ich betont dezent aus.   ❏

Ich weiß, welche Mimik und Gestik positiv und sympathisch wirken.   ❏

Bei der Begrüßung und während ich spreche
werde ich Blickkontakt zu allen Anwesenden suchen. ❑

Offene Hände und dem Gesprächspartner zugewandte
Gestik wirken offen. ❑

Ich werde betont langsam und deutlich reden und Pausen
machen, damit ich während des Redens vorausdenken kann. ❑

Der Tag vor dem Vorstellungsgespräch ist der Einstimmung
und Entspannung vorbehalten. ❑

Am Tag des Vorstellungsgesprächs ist Pünktlichkeit
oberstes Gebot. ❑

3.10 Gekonnt Präsentationen meistern

Die Präsentation von Vorhaben, Plänen, Kampagnen und neuen Produkten gehört im Berufs- und Geschäftsleben zum Alltag. Ziel der Präsentation ist es, die Zuhörer von der Qualität und Anwendbarkeit der eigenen Ideen zu überzeugen und möglichst die gewünschte Entscheidung herbeizuführen. Mehr noch als bei einer Überzeugungsrede ordnet sich in der Präsentation die Argumentation dem Handlungsziel unter.

Schritt für Schritt zur richtigen Entscheidung

Gekonnte Präsentationen führen schrittweise ans Ziel:

1. Interesse für das Problem wecken,
2. Informationen geben,
3. Übereinstimmung und Akzeptanz erreichen,
4. Interessen der Zuhörer ansprechen/ motivieren, Nutzen verdeutlichen
5. überzeugen,
6. Entscheidung herbeiführen.

Oberstes Prinzip: Absolute Klarheit und Schnörkellosigkeit von Gedanken und Gliederung. Denken Sie daran, dass bei Präsentationen oft Menschen sehr unterschiedlicher Fachkompetenz zusammensitzen. Sprechen Sie verständlich und in der Sprache der Zuhörer. Jeder muss in der Lage sein, Sie zu verstehen. Wiederholen Sie schwierige Zusammenhänge, damit alle wirklich auf den gleichen Wissensstand kommen.

Nutzenargumentationen sind das A und O. Ihre Zuhörer kommen so von selbst zu der Erkenntnis, dass Ihre Idee ihnen persönlich etwas bringt. Erst dann sind sie bereit, Ihnen gedanklich zu folgen. Zeigen Sie unbedingt Ihr persönliches Engagement und emotionale Beteiligung. So wird deutlich, dass Sie voll und ganz hinter Ihrer Idee stehen.

Präsentationen leben von der Veranschaulichung. Eine bildhafte Sprache, mit vielen Beispielen und persönlichen Erfahrungen geschmückt, spricht das bildhafte Gedächtnis der Zuhörer an und hinterlässt einen größeren Eindruck als abstrakte Formulierungen. Visuelle Hilfsmittel sind das A und O bei Präsentationen.

Der Vorteil visueller Präsentationen

■ Sie sind in der Regel kürzer,

■ führen häufiger zu einer Entscheidung und

■ lassen eher einen Konsens zu als rein verbale Veranstaltungen.

Üblich sind Power-Point-Präsentationen. Nutzen Sie hier vor allem die Kraft von Bildern, die sich entweder selbst erklären oder die Sie kommentieren. Präsentationen, die nur aus Text bestehen, haben eine wesentlich geringe Überzeugungskraft. Auch scheinbar langweilige oder komplizierte Sachverhalte lassen sich mit Bildern und Grafiken interessant und mühelos verdeutlichen. Wenn Sie etwa die Entwicklung des Vertriebs Ihres Unternehmens darstellen wollen, können Sie eine Deutschlandkarte verwenden, auf der Sie die Standorte gestern und heute darstellen. Ein Umsatzwachstum kann gut mit Balkendiagrammen, aber auch anhand anderer Bilder in unterschiedlichen Größen in Szene gesetzt werden. Der Fantasie sind kaum Grenzen gesetzt. Auch Cartoons und Karikaturen geben einem Gedanken mehr Pfiff als tausend Worte – mit dem positiven Nebeneffekt, dass Ihre Zuschauer lachen dürfen und mit Spaß bei der Sache sind.

Bauen Sie Ihre Präsentation logisch und nachvollziehbar auf. Möglich ist es, vom Allgemeinen zum Konkreten zu kommen, weil die Zuhörer Ihnen dann besser folgen können. Hüten Sie sich davor, lediglich den Inhalt der Folien zu wiederholen. Das langweilt die Zuhörer ungemein. Die Folien dienen nur der Veranschaulichung, der Inhalt kommt von Ihnen. Daher sollte pro Folie auch nur ein Gedanke, ein Sachverhalt dargestellt werden. Daraus folgt, dass ein fertiger Vortrag nur noch schwer anschließend „bebildert" werden kann, sondern Inhalt und Folien parallel entstehen müssen. Die Gestaltung sollte so einfach wie möglich sein: ein Bild oder eine Grafik, Text knapp gehalten und übersichtlich geordnet, nie mehr als zwei oder drei Schriftarten und -größen verwenden. Ein einmal gewähltes Layout – Schrift, Farben, Grafiken, Tabellen, Icons, Animationen – sollte sich durch die gesamte Präsentation ziehen

Gibt es während der Präsentation Verständnisfragen, sollten Sie kurz darauf eingehen. Einwände, weiterführende Fragen und Kritik schieben Sie besser in die anschließende Aussprache. Wichtige, voraussehbare Einwände nehmen Sie von vornherein in Ihre Argumentation auf. Oberstes Prinzip bei Einwänden: Sachlich bleiben. Versuchen Sie, auch bei unsachlich geäußerten Einwänden nicht persönlich betroffen zu sein. Einwände werden oft als etwas Negatives empfunden, das die Autorität des Betreffenden untergräbt. Gegen taktische, unsachliche Einwände dürfen Sie sich wehren. Aber bitte nur den Einwand bekämpfen, nicht die Person! Verkneifen Sie sich ein wütendes: „Das ist doch kompletter Blödsinn!", und sagen stattdessen ruhig: „Ich glaube, da haben Sie mich nicht ganz richtig verstanden."

Alle sachbezogenen Einwände begreifen Sie bitte als Chance für sich und nutzen Sie auch so: Ihr Partner hat Ihnen zugehört, aber er ist noch nicht restlos überzeugt. Denken Sie daran: In jedem ernst gemeinten Einwand steckt eine Frage, die Bitte um eine Verständnishilfe. Filtern Sie diese heraus und ignorieren Sie eventuell emotional gefärbte Formulierungen einfach. Indem Sie sachlich antworten, verhindern Sie, dass der gesamte Dialog unnötig angeheizt und so der Widerspruch weiter forciert wird.

Wie gehen Sie bei sachbezogenen Einwänden vor?

- Hören Sie genau und bis zum Ende zu, ohne Ihren Partner zu unterbrechen.
- Fassen Sie bei ausschweifenden Einwänden den Kern mit eigenen Worten zusammen und vergewissern Sie sich, ob Sie ihn richtig verstanden haben.
- Akzeptieren Sie den Einwand, indem Sie sagen: „Stimmt, darüber sollten wir noch sprechen", oder: „Das ist ein interessanter (wichtiger) Gedanke." Sie geben damit die Nachricht, dass Sie die Äußerung ernst nehmen, nicht, dass Sie ihr zustimmen.
- Haben Sie bis zu einem gewissen Grad Verständnis für die Auffassung des Kontrahenten und äußern Sie anschließend Ihre Bedenken.
- Gegenfragen stellen Sie nur in Ausnahmesituationen, etwa um Zeit zu gewinnen oder zunächst die Argumente des Partners zu hören.
- Stimmen Sie bedingt oder einem Aspekt zu (wenn Sie können) und legen Sie zugleich Ihren Standpunkt dazu dar.
- Wiegen Sie den Nachteil, der durch den Einwand genannt wurde, durch Vorteile Ihres Vorschlags, Ihrer Idee auf. Ziel ist zu zeigen, dass die Vorteile offensichtlich überwiegen.

- Sie können sich auch für einen kontroversen Standpunkt bedanken. Sie nehmen dem Konfliktpartner damit einen Großteil seiner emotionalen Triebkraft und überraschen ihn. Sicher ist er nun eher bereit, sachlich mit Ihnen zu sprechen.
- Bei einem kategorischen „Nein!" des Partners hat es meist keinen Sinn, den Standpunkt direkt aufzuweichen. Umgehen Sie den Standpunkt, konzentrieren Sie sich auf die zweite Seite des Problems. So haben Sie eine Chance, doch noch zu einem „Ja!" zu kommen.
- Lösen Sie den Einwand durch Erfahrungen Dritter auf.
- Verschieben Sie die Beantwortung des Einwandes auf später: „Haben Sie bitte einen Moment Geduld. Ich komme gleich darauf zu sprechen."
- Klammern Sie den Einwand aus, wenn er nicht zum Thema passt oder den Rahmen der Präsentation sprengt.
- Beziehen Sie andere Zuhörer ein: „Bevor ich mich äußere, würde mich die Meinung von Herrn X dazu interessieren."
- Starten Sie notfalls ein Ablenkungsmanöver: „Dieser Gedanke ist sehr interessant. Er führt uns direkt zum nächsten Punkt."

Anfeindungen versuchen Sie grundsätzlich zu überhören. Wenn Sie antworten, dann so, dass der Partner sein Gesicht wahren kann. Auch wenn es Kraft kostet, zeigen Sie Verständnis und versuchen Sie, den Grund für die Feindseligkeit zu ergründen. Fragen Sie nach: „Herr Meier, was bringt Sie dazu, so kritisch (wütend, ungehalten) darüber zu urteilen?" Das nimmt meistens schon einen Teil des Windes aus den Segeln, denn jetzt ist es an ihm, seine Reaktion zu erklären. Reden Sie über eigene Befindlichkeiten: „Herr Meier, ich fühle mich durch Ihre Äußerung persönlich betroffen. Wollen wir nicht versuchen, die Sache friedlich zu klären?" Die meisten Menschen werden jetzt einlenken, denn sie wollten eigentlich nicht Sie beleidigen, sondern Ihren Gefühlen (Angst, Unsicherheit, Überforderung) Ausdruck verleihen. Werfen Sie immer Rettungsanker, an denen der Partner festmachen und umkehren kann. Nur dann, wenn alles nichts fruchtet, brechen Sie den Dialog ab:

„Herr Meier, unter diesen Umständen sehe ich keine Chance, unser Gespräch fortzusetzen." Oder: „Sie stimmen mir sicher zu, dass unter diesen Umständen kein sachliches Gespräch mehr möglich ist."

3.11 Diskussionen und Verhandlungen sicher bewältigen

Diskussion

Der Begriff „Diskussion" wird auf viele Gesprächssituationen angewendet. Zu Unrecht, denn eine echte Diskussion setzt Meinungsverschiedenheiten zwischen den Teilnehmern voraus und zugleich die Bereitschaft, von anderen zu lernen und notfalls den eigenen Standpunkt zu verlassen. Behauptungen lösen Gegenbehauptungen aus, es werden neue Aspekte sichtbar, neue Sachverhalte und Meinungen. Der Ausgang einer guten Diskussion sollte völlig offen sein. Das hängt wesentlich von der Kunst des Diskussionsleiters ab.

Diskussionsleiter sollten ...

... höflich in der Form, bestimmt in der Sache sein,

... die Teilnehmer zu einer Gruppe zusammenführen können,

... schnell reagieren können und schlagfertig sein,

... die eigene Meinung zurückhalten,

... der Diskussion eine Richtung entsprechend seiner Strategie geben, ohne dass sich die Teilnehmer bedrängt fühlen.

In der Diskussion mit anderen Menschen lassen sich Probleme fast immer einfacher und effektiver lösen als im Alleingang. Daher haben Diskussionsrunden auch im Zeitalter moderner elektronischer Kommunikationsmittel ihre Berechtigung. Der direkte Austausch zwischen Menschen bewirkt, dass

■ Informationen durch die vielfältige Mittel – Betonung, Stimmlage, Lautstärke, Gestik und Mimik – besser aufgenommen werden,

■ Missverständnisse und Unklarheit sofort festgestellt und ausgeräumt werden können,

■ Standpunkte besser einander angenähert und Kompromisse leichter geschlossen werden,

■ der Einzelne durch die Gesellschaft anderer Menschen aktiviert wird und somit mehr Ideen und Lösungsvorschläge entwickelt,

■ eine schöpferische und positive „Wir"-Atmosphäre entsteht,

■ ausgewogene und gut durchdachte Gruppenergebnisse erzielt werden.

Grundregeln für erfolgreiche Diskussionen

1. Die Teilnehmerzahl sollte überschaubar sein. Etwa ab fünf Personen ist eine gute Diskussion möglich. Bei mehr als neun oder zehn Teilnehmern besteht die Gefahr, dass einige nicht zu Wort kommen, ihre Meinung für sich behalten oder dem Nachbarn mitteilen.

2. Das Thema der Diskussion sollte vorher bekanntgegeben werden. Es muss eindeutig sein, so dass sich jeder Teilnehmer vorbereiten kann.

3. Bei mehr als vier Teilnehmern sollte immer ein Diskussionsleiter benannt werden.

4. Die Diskussionsteilnehmer bilden eine problemorientierte Gruppe. Die Motivation, gemeinsam das Problem lösen zu müssen und zu können, bringt sie einander näher. Eine lockere, unverkrampfte Atmosphäre hilft wesentlich dabei, sich in kürzester Zeit zusammenzufinden. Der Diskussionsleiter sorgt dafür, dass in der Gruppe keine Blockaden und Grüppchen entstehen.

5. Die Diskussion muss immer auf das Ziel, die Problemlösung, zusteuern. Das erreicht der Diskussionsleiter durch gezielte Fragen, das Ansprechen einzelner Teilnehmer, Zusammenfassungen, das Verhindern von Abschweifungen und somit die gezielte Steuerung der Diskussion.

6. Diskussionen sind grundsätzlich ring- und sternförmig möglich. Die Ring-Diskussion ist eine lockere Form, bei der jeder Teilnehmer seinen Diskussionsbeitrag dann anbringt, wenn er es für richtig hält. Jeder spricht mit jedem. Diese Methode ist zeitaufwändig, hat aber den Vorteil, dass eine lebhafte Diskussion stattfindet. Die Stern-Diskussion dagegen reglementiert die Teilnehmer mehr. Hier erteilt der Leiter das Wort, nachdem jemand durch Handzeichen angedeutet hat, dass er sprechen will. Diese Form empfiehlt sich bei Zeitdruck und undisziplinierten Teilnehmern. Beide Formen können nacheinander je nach Situation angewendet werden.

Sterndiskussion

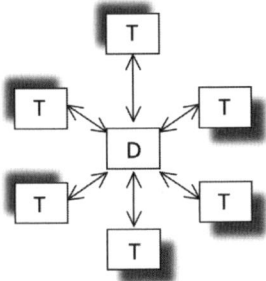

Ringdiskussion

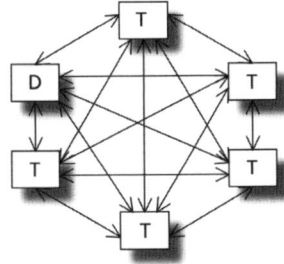

D = Diskussionsleiter
T = Teilnehmer

(Grafik nach: Hans-Jürgen Kratz: „Rhetorik")

Als Teilnehmer einer Diskussion tragen Sie Ihren Standpunkt kurz und überzeugend vor. Wenn Sie sich auf einen Vorredner beziehen, machen Sie deutlich, ob sie pro oder kontra dazu stehen. Das weckt bei beiden Seiten Aufmerksamkeit. Bringen Sie nur Ihre wichtigsten Argumente vor, nennen Sie Beispiele, die Ihre Auffassung belegen, ziehen Sie aus Ihrer kurzen Argumentation eine Schlussfolgerung und geben Sie den Zuhörern eine eindeutige Marschrichtung vor, in die Sie denken und aktiv werden sollen. Formulierungen, die unterschwellig eine Kontraposition provozieren, streichen Sie am besten aus Ihrem Repertoire:

Don´ts bei der Diskussion

- „Nein, das finde ich überhaupt nicht.“
- „Ich teile Ihre Auffassung in keiner Weise.“
- „Ihr Vorschlag ist völlig ungeeignet.“
- „Sie haben mich vollkommen falsch verstanden.“
- „Das ist falsch.“
- „Das sehen Sie völlig falsch.“
- „Lassen Sie sich doch erklären!“
- „Ihr Vorschlag war doch auch nicht besser!“

Was können Sie tun, um in einer hitzigen Diskussion zu bestehen? Ein guter Diskussionsleiter wird jeden Teilnehmer um seine Meinung bitten, Dauerredner sanft unterbrechen und Unsachlichkeiten stoppen.

Was können Sie selbst tun, um bei Dauerrednern zu Wort zu kommen?

- Sprechen Sie einen Dauerredner demonstrativ mit Namen an; das hat Signalwirkung: Wer seinen eigenen Namen hört, horcht auf.

- Stoppen Sie ihn am Satzende oder bei einer Pause. Am besten mit einer Frage, die ihn wieder „herunter" bringt. Nutzen Sie geschlossene Fragen, die nur wenig Spielraum lassen. Sonst holt er gleich zu einem neuen Wortschwall aus. Beispiel: „Finden Sie auch, dass wir den Aspekt XYZ näher betrachten sollten? Ich habe dazu folgenden Vorschlag ..."
- Bieten Sie Unterstützung an: Bitten Sie um die Möglichkeit, seine (wichtigen) Gedanken zusammenzufassen. Daran schließen Sie dann Ihre eigene Meinung an.

Wie schaffen Sie es, Ihre eigene Meinung ohne Unterbrechung zu sagen? Fassen Sie sich betont kurz. Beiträge von 30 bis 40 Sekunden haben gute Chancen, ohne Unterbrechung angehört zu werden. Werden Sie trotz Kürze und Prägnanz unterbrochen, können Sie

- einfach weitersprechen,
- körpersprachlich signalisieren „Ich bin gleich fertig. Dann kannst Du reden.",
- um Fairness bitten: „Lassen Sie mich bitte aussprechen? Ich habe noch einen wichtigen Gedanken.",
- den Satzanfang so oft wiederholen, bis der andere merkt, dass Sie entschlossen sind, zu Ende zu sprechen: „Es lohnt sich also ..." – „Es lohnt sich also ..." – „Es lohnt sich also ..." –
- auf den Einwurf sofort oder am Ende Ihrer Ausführung eingehen (es lohnt sich meist, den Gedanken des anderen zu hören; es sei denn, er will Sie nur ärgern).

Verhandlungen

Verhandlungen sind immer dann notwendig, wenn zwei oder mehr Menschen oder Parteien mit unterschiedlichen Zielen und Auffassungen einen Kompromiss finden müssen. Verhandelt wird im privaten, geschäftlichen und gesellschaftlichen Leben. Über politische und geschäftliche Verhandlungen lesen wir jeden Tag in der Zeitung. Parteiprogramme, Tarifauseinandersetzungen, Firmenübernahmen,

internationale Abkommen – all das setzt Verhandlungen voraus.
Auch im Unternehmen können Sie in die Lage kommen, an einer
Verhandlung teilzunehmen. Der Abschluss von offiziellen Verhand-
lungen hat eine rechtliche Komponente (Vertrag) und schließt einen
Interessenausgleich ein.

Drei wichtige Voraussetzungen haben echte Verhandlungen:

1. Die Interessenlagen der Verhandlungspartner unterscheiden sich
   voneinander.
2. Die Partner agieren unabhängig voneinander (bei vollkommener
   Abhängigkeit eines Partners vom anderen ist keine Verhandlung
   möglich).
3. Es besteht beiderseitig die Bereitschaft und die Möglichkeit, einen
   Kompromiss zu finden.

Welche Gesichtspunkte beachten Sie beim Verhandeln? Wie bei
jedem Gespräch wird bei der Verhandlungseröffnung zunächst eine
vertrauensvolle Basis geschaffen. Beide Seiten versuchen, sich kennen
zu lernen und die Bedürfnisse des anderen zu ergründen. Die Prob-
lemanalyse enthält ein wechselseitiges Darstellen und Begründen der
Ziele. Wichtig ist es, die Vorteile der eigenen Position für den Partner
herauszuarbeiten. In dieser Phase werden die unterschiedlichen bis
gegensätzlichen Verhandlungspositionen klar abgesteckt. Die konträ-
ren Auffassungen machen die Probleme deutlich, die so gelöst werden
müssen, dass beide Seiten damit leben können. Die Umrisse der Ver-
handlungsstrategie werden deutlich.

Nun beginnt die schwierige Arbeit, einen Kompromiss zu finden.
Akzeptieren Sie die Bedürfnisse des Partners und stellen Sie die eige-
nen Bedürfnisse gegenüber. Stellen Sie die eigene Unabhängigkeit
oder die des Unternehmens vom Partner klar heraus. Befriedigen
Sie das Sicherheitsbedürfnis des Partners, indem Sie klarstellen, dass
Ihre Position nicht die Interessen des Partners angreift. Zeigen Sie
Unterschiede und vor allem Gemeinsamkeiten beider Positionen auf.
Gemeinsames kommt auf die „Habenseite". Ordnen Sie Trennendes

in Gedanken nach der Bedeutung und versuchen Sie zunächst, weniger Schwerwiegendes zu entkräften. Das motiviert und bringt die Verhandlung in Schwung. Wenn Sie Zugeständnisse machen, dann mit der Absicht, sich im nächsten Punkt durchzusetzen. Durch Ihr Entgegenkommen bringen Sie den Partner in die Situation, selbst ein Stück von seiner Position abrücken zu müssen. Ziehen Sie ab und an eine Zwischenbilanz über den Stand des Kompromisses. Wenn die Verhandlung schon weit fortgeschritten ist, werden jetzt noch einmal Energien frei, um zu einem Ergebnis zu gelangen. Für offene Punkte erarbeiten Sie gemeinsam weitere Lösungsansätze oder vertagen das Gespräch, um neue Informationen zu beschaffen, mit Vorgesetzten zu reden oder neue Vollmachten einzuholen. Wichtig: Gleich einen neuen Termin vereinbaren. Zum Schluss werden die Übereinkünfte schriftlich festgehalten. Wenn die Verhandlung zu einem abschließenden Ergebnis gekommen ist, wird der Vertrag unterzeichnet.

Grundregeln erfolgreicher Verhandlung

- Erscheinen Sie unbedingt pünktlich.
- Bereiten Sie sich umfassend vor.
- Treten Sie sicher und natürlich auf.
- Nehmen Sie gleich zu Beginn freundlichen Blickkontakt mit dem/n Verhandlungspartner/n auf.
- Hören Sie aktiv zu und lassen Sie Ihren Partner immer ausreden.
- Zeigen Sie Verständnis für die Probleme und Zwänge des Partners.
- Gehen Sie auf die Argumente des Partners ein, auch mit Fragen.
- Zeigen Sie Kompromissbereitschaft und fordern Sie sie vom Partner ein.
- Verdeutlichen Sie durch eigene sachliche Argumentation Ihre Kompetenz.

■ Belehren Sie den Partner nicht. Bieten Sie stattdessen Erklärungen an.

■ Vermeiden Sie bei unterschiedlichem Kenntnisstand Fachbegriffe.

■ Reizformulierungen, die den Partner in eine Kontra-Stellung zwingen, sind tabu.

■ Behaupten Sie nur Dinge, die Sie auch beweisen können.

■ Machen Sie nur Zusagen, die Sie einhalten können.

3.12 Gut vorbereitet in Personal- und Gehaltsgespräche

Gehaltsverhandlungen

Mit dieser Strategie meistern Sie auch Gehaltsverhandlungen. Fest steht: Wer Karriere machen will, muss seinen Wert kennen und durch konkrete Gehaltsforderungen auch zum Ausdruck bringen. Allzu große Zurückhaltung ist hierbei ebenso wenig gefragt wie forsches Auftreten. Besonders unter Frauen herrscht vielfach noch die fatale Auffassung, dass sich die Geldfrage schon irgendwie ergibt und Leistung sich letztendlich durchsetzt. Unternehmen wünschen sich dagegen Bewerber und Mitarbeiter, mit denen sie über gute Leistungen und deren Bezahlung offen reden können.

Schon während des Bewerbungsgesprächs wird meist eine klare Stellungnahme verlangt. Im Vorfeld auf eine Bewerbung sollte man daher gründlich recherchieren, was am Markt gezahlt wird und wo der eigene Marktwert angesiedelt ist. Perfekte Sprachkenntnisse sind in den meisten Fällen wertsteigernd, auch eine Promotion wirkt sich positiv auf die Entlohnung aus. Allerdings ist eine gehörige Portion Realismus gefragt: „Manche junge Frau und mancher junge Mann stellt sich sehr forsch vor und artikuliert ihre Gehaltswünsche entsprechend", so die Personalleiterin eines großen Versicherungsunternehmens. „Sehr viele nehmen das hin, was man ihnen bietet. Richtig ist der Mittelweg: Die eigene Leistung kennen, deutlich machen und darauf aufbauend eine angemessene Forderung stellen." Schlau ist, wer in seinem Arbeitsvertrag vereinbart, dass nach erfolgreicher Probezeit das Gehalt entweder überprüft oder um einen bestimmten Betrag aufgestockt wird – ein durchaus übliches Verfahren. Dann gibt es einen „Grund" zur Nachfrage. Aber auch positive Rückmeldungen von Kollegen und Kunden, ein erfolgreich abgeschlossenes Projekt oder gute Leistungen über einen längeren Zeitraum sind Anlässe, um beim Chef um ein Gespräch zu bitten. „Keinesfalls sollten Vergleiche zu Kollegen oder die private finanzielle Situation als Gründe für Gehaltserhöhungen angeführt werden", warnt die Allianz-Personalreferentin. „Was zählt, sind allein fachliche Gründe. Über die sollte man sich vor dem Gespräch klar werden und eine entsprechende Argumentation vorbereiten."

Weitere Todsünden in der Gehaltsverhandlung

- Erpressung: „Entweder ich bekomme mehr Geld oder ich gehe."
- Vergleiche mit anderen Unternehmen anstellen: „In der Firma XYZ verdient ein Mitarbeiter auf meinem Posten deutlich mehr."
- Unzufriedenheit signalisieren, etwa auf die Frage „Wie gefällt es Ihnen in unserem Unternehmen?".
- Unsicherheit zeigen: Körpersprache wie gesenkter Blick, unruhige Hände oder Formulierungen wie „Wie wäre es, könnten Sie sich nicht vorstellen, mir unter Umständen etwas mehr Geld zu geben?".
- Selbstüberschätzung zum Ausdruck bringen: zu hohe Forderung oder Überbetonung der eigenen Leistung.
- Schwache Argumentation: „Ich bin schon fünf Jahre im Unternehmen. Ich finde, ich habe eine Gehaltserhöhung verdient."
- Aggressionen zeigen: Auf eine Ablehnung der Wünsche wütend oder verletzt reagieren.

„Wer als Akademiker bei Schering anfängt, steht finanziell auf guten Füßen", erklärt Gabriele Liebmann-El Badry, Pressesprecherin des Berliner Pharmaunternehmens. „Zudem ist das Unternehmen daran interessiert, Leistungsträger dauerhaft an sich zu binden, nicht nur durch Geld, sondern auch durch Sozialleistungen, Sicherheit und Arbeitszufriedenheit." Dennoch wird auch bei Schering über Geld geredet. Erwartet wird bei der Bewerbung ein Gehaltsrahmen, innerhalb dessen man sich als Bewerber wohl fühlen könnte, keine konkrete Zahl. Zudem sollten Einsteiger erst einmal in Vorleistung gehen und wieder anfragen, wenn das Probejahr bestanden ist, eventuell sogar mit außergewöhnlichen Leistungen. „Wer sich als belastbar erweist, gute Arbeit macht und sich in Teams einbringen kann, der hat kein Problem, ein höheres Gehalt zu bekommen", so Liebmann-El Badry. Eine günstige Gelegenheit, den Chef darauf anzusprechen, kann eines der jährlichen Mitarbeitergespräche sein, bei denen Ergebnisse ausgewertet und neue Ziele festgelegt werden. „Wer mit Leistungen aufwarten kann und den Eindruck hat, dass sie mehr wert sind als man bisher bekommt, sollte das auch sagen. Auch als Frau braucht man hier überhaupt keine Hemmungen zu haben", so die Pressesprecherin. Außerdem sei solch ein Gespräch auch der richtige Moment, um zu erfahren, was der Chef konkret erwartet und was man besser machen kann, damit es auch finanziell vorangeht.

Informationsquellen zum Gehalt

- Gehaltsanalysen und Gehaltstabellen z. B. von der Personal-Markt Services GmbH (www.personalmarkt.de), von www.berufsstart.de oder von www.monster.de
- Berufsverbände, wie Verein Deutscher Ingenieure (www.ingenieurkarriere.de)
- Hans-Böckler-Stiftung (www.boeckler.de) mit ihrem „Tarifarchiv"
- Gewerkschaften, z.B. www.lohnspiegel.de
- Karriereberater wie www.staufenbiel.de oder www.kienbaum.de.

Gut vorbereitet in die Gehaltsverhandlung ✔

Ich habe einen festen Termin mit dem Vorgesetzten vereinbart. ❏

Ich habe meine Argumente – Aufgaben, Erfolge, abgeschlossene
Projekte u. Ä. – aufgelistet. ❏

Bei folgenden Projekten war ich besonders erfolgreich:

_____ ❏

Ich kenne meinen Chef und weiß, was er mag, was ihn reizt usw. ❏

Ich stelle meine Qualitäten nie auf Kosten anderer Kollegen dar. ❏

Ich weiß, dass ich gut zuhören muss und mich auch mit eigenen
Fragen am Gespräch beteiligen kann, und habe Fragen vorbereitet. ❏

Ich werde dem Chef das Gefühl geben, dass eine
Gehaltserhöhung aus Sicht des Unternehmens gut
angelegtes Geld ist, da ich mein Geld wert bin. ❏

Ich versetze mich in die Lage des Chefs, der meine
Gehaltserhöhung vor der Geschäftsleitung begründen muss.
Ich gebe ihm gute Argumente an die Hand! ❏

Ich bin kompromissbereit und starte keine Erpressungsversuche
nach dem Muster: „Entweder ich bekomme mehr Geld oder
ich gehe." ❏

Personalgespräche

Für Personalgespräche gelten ganz ähnliche Regeln wie für Gehaltsverhandlungen. Allerdings kann es hier passieren, dass Sie mit unangenehmen Fragen konfrontiert werden. Grundsätzlich gilt: Einem
Personalgespräch – auch wenn man eigentlich gar keine Lust hat –
können sich Arbeitnehmer in der Regel nicht verweigern. Der Vorgesetzte sitzt im Rahmen seines „Direktionsrechtes" am längeren
Hebel. Generelle Regelungen, wie und wann ein Personalgespräch
durchgeführt werden muss bzw. darf, gibt es nicht. Im Betriebs-
verfassungsgesetz finden sich jedoch einige gesetzliche Grundlagen

(§§ 81-84 BetrVG), die vor allem kritische oder sensible Personalgespräche betreffen. Dazu gehören insbesondere

- Gespräche auf Initiative des Arbeitgebers über geänderte Anforderungen an die Tätigkeit des Arbeitnehmers,
- Leistungsbeurteilungs- oder Entwicklungsgespräche auf Wunsch des Arbeitnehmers,
- Unterredungen zum Einsichtsrecht in die Personalakte, auf Initiative des Arbeitnehmers,
- Gespräche zum Thema Beschwerderecht des Arbeitnehmers.

Personalgespräche finden in der Arbeitszeit statt und müssen aus einem bestimmten Grund angesetzt werden, den der Chef auch nennen muss. Dadurch haben Sie die Möglichkeit, sich gezielt vorzubereiten. Überrumpelung ist nicht erlaubt, Arbeitsrechtler sehen einen Vorlauf von mindestens vier Tage als angemessen an. In der Regel muss ein Personalgespräch ganz allein durchgestanden werden. Fremde Hilfe etwa durch einen Anwalt kann nicht in Anspruch genommen werden. Lediglich ein Mitglied des Betriebsrates kann man hinzuziehen, wenn sich das Gespräch um die Beurteilung von Leistungen oder die weitere berufliche Entwicklung drehen soll.

In einem Urteil aus dem Jahr 2004 hat das Bundesarbeitsgericht (BAG) zudem entschieden, dass auch bei Gesprächen über den Abschluss eines Aufhebungsvertrages ein Betriebsratsmitglied mit von der Partie sein kann (Az.: 1 ABR 53/03). Schließlich ginge es in diesen Fällen um die Frage, warum es für den betroffenen Mitarbeiter keine berufliche Perspektive mehr in der Firma geben solle. Arbeitnehmer können dagegen nicht zur Teilnahme an einem Personalgespräch verpflichtet werden, wenn es dabei ausschließlich um eine Änderung oder sogar Beendigung ihres Arbeitsvertrages geht. Wie das BAG jüngst entschied, kann der Arbeitgeber auf die Weigerung des Arbeitnehmers keine Abmahnung aussprechen (Az.: 2 AZR 606/08). Im konkreten Fall hatte sich eine Altenpflegerin geweigert, ein Gespräch über die Kürzung ihres 13. Monatsgehalts zu führen. Sie wurde deshalb abgemahnt mit der Begründung, sie habe ihre Arbeitsleistung verweigert. Die Mitarbeiterin klagte erfolgreich auf Entfernung der Abmahnung aus ihrer Personalakte.

Was in diesen Gesprächen gesagt wird, hat also auch im Nachhinein Gültigkeit. Machen Sie sich daher Notizen, sowohl über Ihre eigenen Aussagen als auch über die des Chefs. Sollte es im Anschluss zum Streit kommen, haben Sie etwas in der Hand. In der Regel muss das Unternehmen beweisen, dass es etwa bestimmte Zusagen nicht gemacht hat.

So hatte das Landesarbeitsgericht Niedersachsen zu entscheiden, ob die Aussage des leitenden Angestellten eines Fleischhandelsunternehmens, der Arbeitgeber habe ihm Tantiemen und die Erstattung von Umzugskosten versprochen, stimmt oder nicht stimmt. Dem Arbeitgeber gelang es nicht, das Gegenteil zu beweisen. Diese „Unmöglichkeit der Tatsachenaufklärung" gehe zu seinen Lasten, entschieden die Richter (Az.: 10 Sa 1683/02). In einem anderen Fall hatte ein Arbeitgeber immer wieder neue Personalgespräche angesetzt, um einen ordentlich nicht kündbaren Mitarbeiter zur Annahme eines Aufhebungsvertrags zu bewegen. Nach vier weiteren Gesprächen ließ der Mitarbeiter dann über seinen Anwalt mitteilen, dass er den Vertrag nicht unterschreiben werde. Er forderte seinen Arbeitgeber außerdem auf, alle Fragen rund um sein Arbeitsverhältnis zukünftig direkt mit dem Anwalt abzuwickeln. Als sein Arbeitgeber nicht nachgab, klagte der Mitarbeiter erfolgreich auf Unterlassung. Die Richter des Arbeitsgerichts Berlin kamen zu dem Schluss, dass der Arbeitgeber das „Nein" des Beschäftigten akzeptieren müsse und ihn nicht „nach Belieben in die Mangel nehmen" dürfe (Az.: 28 Ga 29101/03).

Oberster Grundsatz in Personalgesprächen lautet: Ruhe bewahren! Lassen Sie sich keinesfalls zu einer Aussage oder Entscheidung drängen, deren Auswirkung Sie noch nicht abschätzen können oder die Sie nicht wollen. Auch generelle Verweigerung – es sei denn, die Sachlage ist eindeutig – ist keine gute Taktik. Versuchen Sie, sich aktiv am Gespräch zu beteiligen und sich möglichst nicht in die Verteidigungsposition drängen zu lassen. Stellen Sie Fragen wie: „Können Sie mir bitte noch etwas mehr zu Ihren Beweggründen sagen?" Wenn Sie sich nicht sofort entscheiden können, dem Vorschlag des Arbeitgebers zuzustimmen oder ihn abzulehnen, bitten Sie um Vertagung des Gesprächs. Nutzen Sie die Zeit, um sich mit Kollegen, Betriebsrat oder auch einem Anwalt in Verbindung zu setzen und neue Argumente zu sammeln.

4. Aufschieberei: Morgen, morgen, nur nicht heute

Jeder von uns hat schon mal eine unangenehme Erledigung auf später verschoben. Manche Dinge erledigen sich auf diese Art ganz, andere bleiben als schlechtes Gewissen ständig in unserer Nähe. Gelegentliches „Aufschieben" ist also etwas ganz Normales, und wenn die lästige Tätigkeit dann irgendwann doch in Angriff genommen und zum Abschluss gebracht wird, stellt sich sogar ein gewisses Hochgefühl ein. „Na also, war doch gar nicht so schwer!" Wer allerdings generell zu dieser Art der Aufgabenbewältigung neigt und darunter leidet, der sollte sich ernsthaft Gedanken machen, wie er diese Angewohnheit – die schnell zu einer Handlungsstörung werden kann – wieder los wird. Der erste Schritt besteht darin zu erkennen, dass es ein Problem gibt. Der zweite, den festen Entschluss zu fassen, das Problem in den Griff zu bekommen. Denn: Die Folgen der Aufschieberei – schlechte Noten in Schule und Studium, Ärger mit dem Chef, weil eine Arbeit nicht pünktlich fertig geworden ist, aber auch Ärger und Frustration über sich selbst – sind meistens weitaus schlimmer als die Aufgabe selbst.

Etwa 15 bis 20 Prozent der Bevölkerung neigen nach der Auffassung von Experten zum so genannten „Prokrastinieren", wie der Psychologe das Phänomen nennt, abgeleitet von dem lateinischen Wort procrastinare (deutsch: etwas vertagen oder verschieben). Das sind meist durchaus rege Menschen, die eine Vielzahl von Aktivitäten entwickeln. Sie räumen zum Beispiel zum wiederholen Mal die komplette Wohnung auf, nur um einen Vorwand zu haben, nicht die dringend notwendige, aber verhasste Steuererklärung machen zu müssen. Richtig gefährlich kann es werden, wenn ein erforderlicher Arztbesuch immer wieder aufgeschoben wird. Aber auch dann, wenn mehr Dinge aufgeschoben als erledigt werden, ist es höchste Zeit, eine Änderung herbeizuführen. Unterschieden wird generell zwischen zwei Formen von Aufschieberei: Da ist der so genannte Erregungsaufschieber, der eine Arbeit bis zum letzten Moment vertagt, weil er den Adrenalinschub braucht, der ihn angesichts eines nahen Abgabetermins durchflutet. Solche Menschen bilden sich ein, nur unter höchstem zeitlichen Druck wirklich gut zu sein. Daneben gibt es die Vermeidungsaufschieber, die von der Angst beseelt sind, eine Aufgabe nicht gut genug erledigen zu können, und sie daher gar nicht erst in Angriff nehmen. Wer also zu Perfektionismus und den damit einhergehenden Versagensängsten neigt, gehört zu den am meisten gefährdeten Personen.

Wichtig ist, dass Sie die ungeliebte Aufgabe nicht als etwas ausschließlich Negatives ansehen. Versuchen Sie sich auszumalen, wie es sein könnte, wenn sie bereits erledigt wäre: Sie sind den unerträglichen inneren Druck lost, der von Tag zu Tag zunimmt, während Sie die Last vor sich herschieben. Sie können sich selbst dazu gratulieren, dass Sie den „inneren Schweinehund" endlich besiegt haben. Vielleicht bekommen Sie sogar ein paar anerkennende Worte vom Chef, wenn sie den Job pünktlich erledigt haben. Sie können sich anderen Aufgaben widmen, die vielleicht mehr Spaß machen. Dieses vorweggenommene gute Gefühl nutzen Sie, um einen ersten Schritt zu unternehmen. Der muss nicht groß sein. Aber getan werden muss er! Und zwar ohne weitere Aufschieberei. Suchen Sie sich eine Teil-Arbeit aus, vor der Sie nicht so große Angst haben wie vor dem Gesamtpaket. Und belohnen Sie sich reichlich, wenn sie vollbracht ist. Danach notieren Sie im Kalender, wann Sie den nächsten Schritt getan haben wollen. Dadurch lässt der innere Druck nach und Sie können mit guten, nicht mit negativen Gefühlen weitermachen.

Fazit: Nicht die Tatsache, dass Sie etwas tun müssen, sollte Ihr Denken beeinflussen, sondern dass Sie etwas tun und erreichen wollen. Auf diese Weise verlieren Sie den Tunnelblick, den viele unter Aufschieberei leidende Menschen entwickeln: Die ganze Kraft ist auf den – vergeblichen – Versuch gerichtet, eine scheinbar unlösbare Aufgabe zu bewältigen. Sie verlieren den weiten Blick in die Zukunft, die

Freude an den Möglichkeiten und Überraschungen, die das Leben zu bieten hat. Jeder Stapel und jede andere Ansammlung von Dingen, die getan werden müssten, verstellen ihnen den Horizont.

Manchmal helfen selbst die besten Vorsätze und die größte Kraftanstrengung nicht, um den wichtigen ersten Schritt zu tun. Dann kann es helfen, sich Verbündete zu suchen. Oft hilft ein kleiner Anstoß von außen, um aus dem Teufelskreis zu entfliehen. Vielleicht hat ein Kollege eine zündende Idee, wie Sie die Arbeit in Angriff nehmen können. Vielleicht fehlen auch entscheidende Informationen, um tatsächlich starten zu können. In besonders schwierigen Fällen sollte man sich auch nicht scheuen, einen Therapeuten aufzusuchen, der auf Verhaltenstherapie spezialisiert ist. Es entlastet schon, wenn man einem Unbeteiligten seine Nöte vortragen kann. Danach erarbeiten Sie gemeinsam Strategien in Ihrem Verhalten, die sie Schritt für Schritt aus der Sackgasse herausführen. In manchen Fällen geht Prokrastination mit anderen psychischen Störungen wie Depressionen, allgemeinen Angststörungen oder Aufmerksamkeitdefizit-Hyperaktivitätsstörungen (ADHS) einher. Dann steht diese primäre Störung im Zentrum der Therapie, um auch die Aufschieberei zu besiegen. Andererseits kann chronische Aufschieberei selbst seelische Krankheiten auslösen. Wie genau vorgegangen wird, kann demnach nur der Therapeut entscheiden.

Interview mit Hans-Werner Rückert

Der Diplom-Psychologe und Psychoanalytiker leitet die Studienberatung und Psychologische Beratung der Freien Universität Berlin. Er befasst sich intensiv mit dem Thema und ist Autor des Buches „Schluss mit dem ewigen Aufschieben".

Wer ist denn besonders anfällig für die „Aufschieberei"?

Jeder Mensch, der beruflich oder privat Freiräume hat, innerhalb derer er relativ frei entscheiden kann, was er als Nächstes tun oder lassen will. Wissenschaftler leiden ebenso darunter wie Menschen in freien Berufen und Studenten. Im Hochschulbetrieb kommt dazu, dass die Lehrenden mit ihrem oft chaotischen Arbeitsstil keine guten Vorbilder sind. Wer an der Uni kontinuierlich arbeitet – nachgewiesenermaßen die beste Methode, um mit hoher Qualität zu studieren – der gerät in den Verdacht, spießig zu sein. Dagegen steht die 'genialische' Art, in einem Kraftakt die Prüfung in letzter Minute doch noch zu stemmen, hoch im Kurs. Dann fließt das Adrenalin in Massen und ein einmaliges Hochgefühl stellt sich ein. Wer die Kurve auf diese Weise bekommt, gehört wahrscheinlich zu den rund 40 Prozent, die „normal" unter dem Aufschieben leiden. Anders ist das bei den „harten" Aufschiebern, hier bekommt die Sache Suchtcharakter.

Aufschieben kann süchtig machen?

Vom Verhaltensschema her – ja. Sie können das mit einem Trinker vergleichen, der sich jeden Tag vornimmt, trocken zu bleiben, und dann doch wieder zur Flasche greift. Genauso nimmt sich der Aufschieber vor: „Heute mache ich es", und findet dann doch wieder Tausend Gründe, es auf den nächsten Tag zu verschieben und es sich dann wieder ganz fest vorzunehmen. Dabei bleiben natürlich das Selbstwertgefühl und die Selbstachtung auf der Strecke, er fühlt sich nur noch als Versager. Zugleich gelingt es ihm nicht, sich von dem Vorhaben lösen, indem er zum Beispiel sagt: Dann schreibe ich eben keine Doktorarbeit. Sie ist immer auf der inneren Tagesordnung, ohne dass er sie vom Tisch bekommt. Wer so unter sich selbst leidet und die Kontrolle über sein Verhalten verliert, sollte mit irgendjemandem – am besten mit einem Fachmann – darüber sprechen. Ohne Anstoß von außen kommt man aus dem Teufelskreis nicht mehr heraus.

Gibt es eine genetische Anlage zum Aufschieben?

Eher nicht. Ängstliche, depressive oder zwanghafte Menschen, auch solche mit dem Aufmerksamkeits-Defizit-Syndrom, neigen natürlich eher dazu. Aber in der Masse ist es eine schlechte Angewohnheit, die man zu Hause oder in der Schule erlernt hat und ebenso wieder verlernen kann. Wenn Kinder merken, dass es kaum lohnt, sich anzustrengen, und man auch so über die Runden kommt, dann versuchen sie unter Umständen, als Studenten und später im Beruf genauso weiterzumachen, gegebenenfalls mit Ausweichen. Das klappt hier natürlich nicht mehr. Dann muss man sich von dieser Gewohnheit wieder trennen.

Und wie können sich normale Aufschieber helfen?

An erster Stelle sollte eine nüchterne Bestandsaufnahme stehen. Woran liegt es, dass ich die Sache nicht zuwege bringe? Fehlen Arbeitstechniken, fehlt die Organisation? Dann kann man Bücher lesen oder die Studienberatung konsultieren. Kapituliere ich vor meinen überzogenen Ansprüchen? Wer Sätze wie aus Blei gegossen von sich selbst erwartet, der empfindet andere Ergebnisse als kränkend und legt den Griffel gleich wieder weg. Auch Angst vor Misserfolg – „Wenn ich dieses Referat halte, lachen sich die Leute schimmelig" – kann ein Grund sein, gar nicht erst anzufangen. Unlust und fehlende Impulskontrolle – man rennt bei jeder Gelegenheit vom Schreibtisch weg zum Kühlschrank, an den Briefkasten oder ans Telefon – sind weitere Ursachen, die in der Praxis häufig vorkommen.

Was raten Sie den Leuten in dem Fall?

Es hilft nicht, nur über das Problem nachzudenken, man muss etwas tun. Da das Aufschieben letztlich eine Handlungsstörung ist – die Unfähigkeit, eine Entscheidung zu treffen und diese dann auch zu verwirklichen – muss man ihm mit Taten begegnen. Wo bin ich stecken geblieben? Welches Rüstzeug brauche ich jetzt, um aus dieser Sackgasse herauszukommen? Das kann darin bestehen, sich – wie schon gesagt – beraten zu lassen oder ein Buch zu lesen. Wer seine Impulse nicht kontrollieren kann, dem empfehle ich, sich ein Logbuch auf den Schreibtisch zu legen: Immer wenn ich an Jogurt denke, springe ich nicht wie sonst auf, sondern schreibe meine Gedanken zum Thema Jogurt ins Logbuch. Damit kriege ich den Gedanken vom Kopf aufs Papier – und bin am Schreibtisch sitzen geblieben, was für mich ein großer Erfolg ist.

So einfach ist das?

Das hört sich nur einfach an, ist aber anfangs eine enorme Willensleistung. Allerdings wird es leichter, wenn man es regelmäßig immer und immer wieder übt. Und wenn man sich ebenso regelmäßig Rechenschaft darüber ablegt, ob und wie die neuen Methoden funktionieren. Habe ich meinen Arbeitsplan geschafft? Was kann ich verbessern? Es ist wie beim Jogging, da muss man auch erst herausfinden, welcher Laufstil und welches Tempo zu einem passen. Aber irgendwann hat man es und es läuft praktisch wie von allein.

Buchtipp: Hans-Werner Rückert: Schluss mit dem ewigen Aufschieben, Campus-Verlag, Frankfurt, 2006

5. Zwänge: Kontrollieren, bis der Arzt kommt

„Der kluge Mensch baut vor", sagt der Volksmund, und hat damit wie (fast) immer recht. Sicherheit und Kontrolle sind wichtig, und das Gefühl, ausreichend vorgesorgt zu haben, angenehm. Egal, ob wir eine Lebensversicherung abschließen, eine einbruchhemmende Tür einbauen oder einen Dialerschutz auf dem Computer installieren. Ebenso verständlich ist der Schreck, wenn man während der Vorlesung oder bei der Arbeit plötzlich ins Grübeln gerät, ob man das Bügeleisen ausgeschaltet hat. Auch andere unangenehme Vorstellungen, egal ob sie sich auf Versäumnisse, Schuld, Krankheit oder Tod beziehen, können uns zwanghaft überfallen, beeinträchtigen, ja anwidern.

5.1 Normales Sicherheitsbedürfnis ist in Ordnung

Das passiert praktisch jedem von uns hin und wieder. Fast jeder wird also in seinem Leben von Zwangsgedanken heimgesucht, ohne dass er deshalb beunruhigt sein muss. Denn: Diese Gedanken verschwinden wieder. Sie erlangen keine Bedeutung fürs Leben, da sie sich bei Lichte betrachtet als Unsinn entpuppen. Und selbst wenn das Bügeleisen wirklich mal angeblieben ist – durch einfaches Nachschauen schaffen wir das Problem aus der Welt. Wer also beispielsweise schon mal auf dem Weg zur Uni kehrtgemacht hat, weil er sich plötzlich unsicher war, ob die Wohnungstür abgeschlossen ist, handelt klug und richtig. Er verhindert unter Umständen einen Einbruch und kann beruhigt und sicher den weiteren Tag verbringen. Anders ist das bei Menschen, die unter einer so genannten Zwangsstörung leiden. „Menschen mit Zwangsgedanken und -handlungen kehren, um beim Beispiel Wohnungstür zu bleiben, nicht einmal zurück, sondern immer wieder, bis zu 20-mal und mehr", erklärt Psychiater Dr. med. Andreas Kordon von der Uni-Klinik Lübeck den Unterschied zur normalen Vorsicht. Dr. Kordon leitet die Station für Psychiatrie und Psychotherapie und kennt viele ernsthaft an der Krankheit Leidende. „Das kann so weit gehen, dass sie nicht mehr aus dem Haus gehen und entsprechend weder einer Arbeit nachgehen noch gesellschaftliche Kontakte pflegen können." Die Zwänge sind indes nicht auf das häusliche Umfeld beschränkt – auch das Autofahren, Freizeitbeschäftigungen und selbst die Arbeit können betroffen sein. So berichtet ein Tennisspieler, dass er sich während eines Spiels ständig die Spielstände merken muss, auch die vergangenen – und sich somit nicht aufs Spiel konzentrieren kann. Eine Buchhalterin muss zwanghaft ihre Kontostände immer und immer wieder kontrollieren und kommt so natürlich mit ihrer laufenden Arbeit in Konflikt. Diese Art des Kontrollzwangs ist eine der am weitesten verbreiteten Zwangsstörungen. Insgesamt kann laut Deutscher Gesellschaft Zwangserkrankung e. V. zwischen folgenden Zwängen unterschieden werden:

Unerträgliche Zwänge

Waschzwang: Panischer Ekel vor Schmutz und krankmachenden Bakterien; Folge sind ausgiebige, fest stehende Wasch- und Reinigungsrituale.

Kontrollzwang: Furcht vor Katastrophen, die durch eigene Unachtsamkeit und Nachlässigkeit ausgelöst werden; daher wird alles „Gefahrbringende" immer wieder kontrolliert; auch wiederholtes Kontrollieren bringt nur kurzzeitige Entlastung.

Wiederhol- und Zählzwänge: Kranker muss Handlungen wie Zähne putzen, Bett aufschütteln in einer bestimmten Anzahl wiederholen; sonst befürchtet er Schlimmes für sich und seine Lieben (Wiederholzwang); beim Zählzwang verspürt er den Drang, bestimmte Dinge wie Fliesen, Treppenstufen oder Buchstaben immer wieder zu zählen.

Sammelzwang: Angst, etwas Wichtiges aus Versehen wegzuwerfen; hortet auch Müll und verwahrlost unter Umständen („Messie")

Ordnungszwang: Jeder Gegenstand muss zwanghaft an seinem „richtigen" Platz stehen; Veränderungen werden als Bedrohung empfunden und lösen Angst aus.

zwanghafte Langsamkeit: Jede Handlung muss so penibel ausgeführt werden – wie das Bürsten jedes einzelnen Haares –, dass dabei Stunden vergehen; wird der Kranke beim Ritual gestört, muss er von vorn beginnen.

Zwangsgedanken: Hier spielt sich der Zwang nur in Gedanken ab; oft aggressive („Ich könnte meine Frau umbringen"), sexuelle („Ich könnte das Nachbarskind sexuell missbrauchen") oder religiöse („Ich sage während des Gottesdienstes etwas Ordinäres") Inhalte.

5.2   Wie Zwänge entstehen

Betroffen von der Krankheit ist nicht etwa eine kleine Minderheit, sondern sind ein bis zwei Millionen Menschen in Deutschland. Sie beginnt oft schon im Kindes-, spätestens im jungen Erwachsenenalter. Die Auslöser können vielfältig sein, in jedem Fall scheint eine Veranlagung, ein Fehler im Gehirnstoffwechsel, eine Rolle zu spielen. „Ihre ersten Ängste und Zwänge betrachten die Betroffenen oft als eine Art persönlichen Aberglauben", schreibt die Deutsche Gesellschaft Zwangserkrankung[9]. „In diesem Stadium empfinden sie ihre Symptome auch noch nicht als besonders belastend. Mit der Ausdehnung des Zwangs – häufig verursacht durch Konflikte oder Lebenskrisen – beginnen dann jedoch die ersten Beeinträchtigungen. Viele Betroffene versuchen dem Zwang anfangs zu widerstehen. Sie

---

9   www.zwaenge.de

unterdrücken beispielsweise so gut es geht das Bedürfnis, sich ständig die Hände zu waschen oder dauernd die elektrischen Geräte in der Wohnung zu kontrollieren. Das komplette Zwangssystem wird jedoch nur äußerst selten in Frage gestellt. Die Angst vor der eigenen Angst hindert die Betroffenen daran, ihr zwanghaftes Verhalten vollständig zu unterlassen. Ein solcher Kampf kostet viel Energie und führt häufig zu einer totalen Erschöpfung. Dadurch können die Betroffenen ihren Alltag immer schlechter bewältigen und fühlen sich zudem oft niedergeschlagen, mut- und hoffnungslos. Zudem vermeiden sie alle Aktivitäten, die ihre Zwänge möglicherweise verstärken, und ziehen sich so immer weiter aus ihrem sozialen Umfeld zurück. Durch die soziale Isolierung erhält der Zwang zusätzlich eine sinnspendende und zeiterfüllende Funktion. Der Betroffene widmet seine ganze Kraft und Aufmerksamkeit seinen Zwängen und vermeidet so die Auseinandersetzung mit den für ihn problematischen Themen. Auch negative Gefühle wie Niedergeschlagenheit und depressive Verstimmungen werden nicht so stark wahrgenommen."

Daneben gibt es so genannte zwanghafte Persönlichkeiten, deren Verhalten zwar von ihrer Umgebung als zwanghaft empfunden wird, die aber selbst nicht unter ihren Gedanken und Verhaltensmustern leiden. Meist handelt es sich hierbei um besonders ernsthafte, von Regeln geprägte Menschen, die alles perfekt und richtig machen wollen und damit die Beziehung zu anderen Menschen belasten.

5.3   Erste Schritte aus der Krise

Der erste Schritt aus dieser furchtbaren Situation ist, sich jemandem anzuvertrauen. So rät es Martin, ein Betroffener[10]: „Die Peinlichkeit, seine Verrücktheiten einem anderen Menschen anzuvertrauen, ob es nun ein Arzt oder seine eigenen Eltern sind, gehört zu dem Grundproblem dieser Krankheit. Die meisten Menschen schleppen

---

10 www.zwaenge.de

ihre Ängste und Zwänge seit Jahren bzw. seit Jahrzehnten mit sich umher und versuchen alles, um ihre Macken vor ihren Mitmenschen zu verbergen. Ich gehöre auch dazu. Außer meinen Psychiater weiß eigentlich niemand so genau, was mit mir los ist. Also, wenn Du nicht willst, dass Deine Eltern etwas von deiner Krankheit erfahren, kannst Du das ohne Probleme verhindern. Aber natürlich wäre es ohne Frage besser, wenn Du sie in dein Problem einweihst. Wenn Du Dich ihnen offenbarst, nimmt Dir das eine Tonnenlast von Deinen Schultern, ganz bestimmt!"

Wie sich ein Zählzwang anfühlt, schildert Soleil: „Ich leide seit mehreren Jahren unter einer Zwangserkrankung. Ständig muss ich irgendwelche Zahlen zählen oder eine Melodie denken oder wenn ich irgendwo etwas lese, zum Beispiel wenn ich am Kaufhof vorbeilaufe, dann muss ich ständig das Wort Kaufhof denken und die Buchstaben zählen. Es geht so weit, bis ich das Gefühl habe, dass ich verrückt werde. Meine Ärztin sagte mir, dass es keinen Sinn hat zu versuchen, sich gegen die Gedanken zu wehren, dann wird es nur schlimmer. Aber ich kann mich auf nichts mehr konzentrieren, ich kann kein Buch mehr lesen, nichts, weil ich ständig an einem Wort hängen bleibe und dies dann ständig denken muss." Ein anderer Kranker schildert seine Probleme so: „Es ist alles so hart mit dem Zwang! Man muss immer und überall aufpassen. Ich fühl mich wie eine Porzellanvase, die jeden Moment auseinanderbrechen kann. Gestern hat meine Hosen am Boden geschleift und als ich später ´dranfasste, hat mich ein Holzsplitter in den Finger gepiekt. Ich hatte sofort den Gedanken, es könnte doch auch eine Spritze gewesen sein. Ich schreibe zwar jetzt mal Holzsplitter, bin mir aber jetzt immer noch unsicher. Und alles nur, weil ich meine Hosen nicht rumgewickelt habe. Ich hatte mich so aufs Wochenende gefreut."

Wer so massiv unter der Krankheit leidet, dem kann nur durch einen Psychiater bzw. einen Psychotherapeuten geholfen werden. Oft, so weiß Dr. Kordon, sind die Kranken körperlich und seelisch bereits so hinfällig, dass zunächst ein Klinikaufenthalt erste Hilfe leisten muss.

Im weiteren Verlauf der Therapie, die viel Geduld erfordert, können rund 70 Prozent aller Betroffenen durch Medikamente und Verhaltenstherapie so weit geholfen werden, dass sie ein normales Leben führen können. So auch diesem Betroffenen: „Ich möchte Euch einen kleinen Funken Hoffnung in Euer Gefühlschaos senden. Fast zehn Jahre lang habe ich unter schlimmen Kontrollzwängen gelitten. Ich habe kontrolliert, ob die Kaffeemaschine aus ist, ob der Herd aus ist, ich habe das Bügeleisen mit zur Arbeit genommen ... nur um ganz sicherzugehen. Ich bin zurückgefahren, wieder losgefahren, wieder zurückgefahren, manchmal stundenlang. Ich habe vor dem Herd gestanden, meine Fingernägel in die Handfläche gedrückt, und mir einfach nicht glauben können, dass wirklich alles aus ist. Ich habe immer Angst gehabt, wenn ich mit dem Auto unterwegs war. Dass ich jemanden überfahren habe und habe es nicht bemerkt! Glaubt mir, niemals hätte ich gedacht, dass es mir einmal so gut gehen könnte wie jetzt! Ich sitze hier, trinke Kaffee, den ich gekocht habe, obwohl ich gleich noch aus dem Haus muss. Ich fahre Auto, koche, und das alles ganz ohne Angst!! Und ohne Medikamente! Glaubt mir, auch Euch kann es irgendwann einmal wieder so gut gehen wie mir! Es ist viel Arbeit mit einem guten Psychologen nötig! Und oft habe ich gedacht: Das bringt gar nichts. Aber am Schluss wird doch alles gut! Ich umarme Euch und wünsche Euch viel Kraft und viel Verständnis durch Eure Umgebung!"

5.4 Wie Angehörige mit der Krankheit umgehen

Zwangserkrankte haben das Bestreben, ihre unmittelbaren Bezugspersonen – die Familie und Freunde – in die Zwangshandlungen einzubeziehen. Dazu zählt, dass sie sich bestimmten Säuberungsritualen unterwerfen, den Betroffenen immer wieder versichern, dass die Tür tatsächlich abgeschlossen ist, oder mitzählen, ob eine bestimmte Tätigkeit auch wirklich in der erforderliche Anzahl ausgeführt wurde.

Gehen Angehörige darauf ein, verringert sich dadurch in vielen Fällen zunächst die Anzahl der Zwangshandlungen. Aber der Erfolg ist nur oberflächlich, da der Betroffene so die Verantwortung für eventuell eintretende Katastrophen abgibt, aber nicht lernt, sich mit seinen Ängsten wirklich auseinanderzusetzen und diese auszuhalten. Langfristig schwächt diese Strategie deshalb sein ohnehin angeschlagenes Selbstbewusstsein und verstärkt die Zwangshandlungen. Von daher ist es wichtig, den Betroffenen nicht ständig zu beruhigen und die Verantwortung für die Situation zu übernehmen. Auch, wenn das sicherlich sehr anstrengend ist und Nerven kostet.

Versuchen Sie als Bezugsperson zu berücksichtigen, dass die Betroffenen unter einem großen Druck stehen. Werden sie in ihren Handlungen unterbrochen, müssen sie so oft neu beginnen, bis sie zu einem zufriedenstellenden Ergebnis kommen. Dies macht sie wütend und aggressiv. Ablenkungsmanöver sind daher zwar sicher gut gemeint, helfen aber nicht. Belastend ist auch, dass Zwangserkrankte bestimmte Bereiche der Wohnung als tabu für andere betrachten bzw. verlangen, dass bestimmte Gegenstände nicht berührt werden dürfen. Dazu kommen unter Umständen finanzielle Auswirkungen, wie hohe Wasser- und Stromkosten, wenn stundenlange Reinigungsrituale durchgeführt werden.

Um das krankhafte Verhalten von Zwangserkrankten verstehen zu können, kann es hilfreich sein, etwas mehr über ihre Persönlichkeitsstruktur und ihre Bedürfnisse zu erfahren. Bei allen Unterschieden gibt es einige Übereinstimmungen, deren Kenntnis hilft, die Sorgen und Nöte der Betroffenen zu verstehen. Durch das überzogene Sicherheitsbedürfnis fühlen sie sich in der vertrauten Umgebung und mit immer wiederkehrenden Abläufen am wohlsten. Veränderungen hingegen verursachen zusätzlichen Stress und vergrößern die Ängste, da die Welt als unberechenbar empfunden wird. Durch immer gleiche Handlungen soll dieses übergroße Bedürfnis nach Sicherheit befriedigt werden. Wird der Sinn oder die Logik dieser Handlungen in Frage gestellt, kommt es schnell zu Überforderung und Aggressivität.

Trotz -zigmaliger Wiederholungen und Kontrollhandlungen ist sich der Betroffene häufig unsicher, ob er tatsächlich alles richtig gemacht hat. Er ist ständig gedanklich mit den Konsequenzen seines Unvermögens beschäftigt und wirkt daher nach außen abwesend. Oder er verlangt, dass ihm seine Umgebung ständig bestätigt, dass alles in Ordnung ist. Dabei schämen sich die Betroffenen meist heftig für ihre Zwangsgedanken und -handlungen, die sie selbst als lästig, unangenehm, ja abstoßend erleben. Daher wird versucht, das Leiden so lange wie möglich für sich zu behalten, und sie ziehen sich immer weiter in sich selbst zurück. Vereinsamung und nicht selten totale soziale Isolation ist die logische Folge. Auffällig ist auch die verbreitete Unfähigkeit selbst einfachste Entscheidungen zu treffen, aus Angst die falsche Entscheidung zu treffen und damit einen folgenschweren Fehler zu machen. Dafür schämen sie sich erneut und machen sich große Vorwürfe. Wenn in dieser Situation zusätzlich Kritik von außen kommt, verschlimmert sich deren Befinden weiter. Viele Kranke fühlen sich für Dinge verantwortlich, die sie beim besten willen nicht zu verantworten haben. Das scheint für Außenstehende vollkommen irreal, für den Kranken ist es indes bittere Realität. Beispiel: „Hätte ich gestern das Auto nicht vor dem Haus geparkt, hätte der Nachbarsjunge bessere Sicht auf die Straße gehabt und wäre nicht vom Auto angefahren worden. Ich bin schuld, dass er nun mit Gehirnerschütterung im Krankenhaus liegt."

Grundsätzliche Verhaltensempfehlungen für die Angehörigen von Betroffenen gibt es nur ganz begrenzt, da die Krankheit bei jedem unterschiedlich ausgeprägt ist und zudem jede Familie anders reagiert. Allerdings gibt es einige Anregungen.

So begegnen Sie Zwangserkrankten[11]

■ Geben Sie die Illusion auf, der Betroffene könne mit „Willenskraft" oder „Disziplin" seine Zwänge überwinden. Appelle wie „nun reiß Dich mal zusammen" bringen ebenso wenig wie die Diskussion über Sinn und Notwendigkeit der Zwänge. Das löst bei dem Zwangserkrankten, der sehr unter seiner Krankheit leidet, nur Schuldgefühle aus.

■ Informieren Sie sich eingehend über die Erkrankung – zum Beispiel im Internet oder auch direkt bei der Deutschen Gesellschaft Zwangserkrankungen. Fragen Sie nach, ob es in Ihrer Nähe Selbsthilfegruppen für Angehörige gibt. Je mehr Sie über die Zwangserkrankung wissen, umso gezielter können Sie den Betroffenen unterstützen.

■ Versuchen Sie, dem Betroffenen immer wieder deutlich zu machen, dass Sie seine Zwangssymptome – und nicht ihn oder sie als Person – zurückweisen.

■ Zwänge entstehen nicht dadurch, dass jemand etwas falsch gemacht hat. Geben Sie deshalb möglichst weder sich noch dem Betroffenen die Schuld an der Störung.

■ Bringen Sie den Betroffenen dazu, professionelle Hilfe in Anspruch zu nehmen. Sie selbst können die Rolle des Therapeuten nicht übernehmen.

■ Versuchen Sie, Grenzen zu setzen und nicht Ihren kompletten Alltag von den Zwängen bestimmen zu lassen. Treffen Sie auch weiterhin Freunde und vernachlässigen Sie Ihre Hobbys nicht.

■ Unterstützen Sie den Betroffenen möglichst nicht bei seinen Zwangsritualen – auf lange Sicht verstärken und stabilisieren Sie dadurch das Zwangsverhalten.

■ Loben Sie den Betroffenen für Fortschritte – und kritisieren Sie ihn nicht für „Rückfälle". Änderungen in der Stärke der Symptome – zum Beispiel eine entsprechende Zunahme

---

11 Deutsche Gesellschaft Zwangserkrankungen e. V.

unter Stress – sind vollkommen normal. Lob und Anerkennung sind wichtig, damit sich ein symptomfreies Verhalten verfestigen und immer weiter durchsetzen kann.

■ Lassen Sie die Erkrankung nicht zum Haupt-Familienthema werden! Planen Sie gemeinsame Aktivitäten, mit denen sich der Betroffene nicht überfordert fühlt.

■ Es ist vollkommen normal, dass Sie ab und zu ärgerlich oder auch wütend sind. Wichtig ist allerdings, wie Sie damit umgehen. Es ist besser, den Ärger zuzugeben als den anderen abzuwerten. Nimmt der Ärger jedoch Überhand, sollten Sie sich eventuell selber therapeutische Hilfe holen.

■ Versuchen Sie, klare Absprachen zu treffen. Sagen Sie deutlich, was Sie können und wollen und was nicht.

6. Prüfungsangst:
Ich falle auf jeden Fall durch

Je näher der Termin der Semester- oder gar Examensprüfung rückt, desto mehr fühlen sich viele Studenten als Opferlamm, das sich freiwillig auf die Schlachtbank führen lässt. Die bevorstehende Katastrophe ist regelrecht fühlbar, der Geist spult immer wieder die schrecklichsten Szenen ab. Aber nicht nur die Fantasie spielt verrückt, auch der Körper. Hitzewallungen wechseln sich mit kaltem Schweiß ab, man fühlt sich schon morgens müde und erschöpft und die Nacht bringt auch keine Erholung. Wer derart vor Prüfungen gestresst ist, dass kein klarer Gedanke gefasst werden, geschweige denn systematisch gelernt werden kann, der sollte schnell die Notbremse ziehen. Denn übersteigerte Prüfungsangst kann dazu führen, dass man fällige Prüfungen immer weiter vor sich herschiebt, in der Vorbereitung vor dem scheinbar unüberwindlichen Wissensberg resigniert und sich insgesamt so weit selbst herunterzieht, dass die Prüfung am Ende wirklich schiefgeht.

6.1 Was ist Prüfungsangst und wie entsteht sie?

Zunächst einmal zwei gute Nachrichten. Zum einen: „Prüfungsangst ist – wie auch die Angst im ursprünglichen Sinne – eine natürliche, menschliche Reaktion auf eine Situation der Herausforderung bzw. der Gefahr", erklärte der Psychologe und Psychotherapeut Dr. Thomas Busch in einem früheren Interview. Dr. Busch arbeitete bis zu seinem Tod sehr erfolgreich in der Psychologisch-psychotherapeutischen Beratungsstelle des Studentenwerks Berlin. „Als solche motiviert uns Angst zum Handeln – wir flüchten, setzen uns mit der Gefahrensituation auseinander oder wehren uns. Denken Sie an spielende Kinder, die schleunigst den Bahndamm verlassen, wenn sie sehen, dass ein Schnellzug anrollt. Prüfungsangst motiviert die Studenten, sich auf die Prüfung vorzubereiten, zu lernen, sich auszutauschen und sich Zeit für all dies zu nehmen." Die zweite Nachricht: Ein übergroßes Maß an Prüfungsangst kann reduziert und verändert werden. „Es geht deshalb nicht darum, die Prüfungsangst wegzumachen", so Busch. „Es geht vielmehr darum, dass jeder Einzelne seine Ängste besser versteht und die Wege, die ihn in oft diffuse Ängste hineinführen, nachvollzieht. So kommt er in die Lage, Ausgänge aus den Ängsten sowie Bewältigungsfähigkeiten zu finden – alles im Sinne eines besseren Umgangs mit den eigenen Ängsten. Bereits in dieser Erkenntnis kann eine gewisse Erleichterung liegen."

Warum aber gehen manche ganz cool mit Prüfungssituationen um, während andere vor Angst buchstäblich krank werden? Die Ursache kann nicht in der Prüfung selbst liegen, denn dann würden alle gleich darauf reagieren. Die Vermutung liegt nahe, dass es etwas mit der Person dessen, der Angst hat oder auch nicht, zu tun haben muss. „Auch wenn vom Bestehen der Prüfung sehr viel abhängt", schreiben Doris Wolf und Rolf Merkle in ihrem Buch „So überwinden Sie Prüfungsängste"[12], „so erzeugt die Prüfung dennoch keine Angst. Es ist vielmehr Ihre Bewertung, die Angst hervorruft, nämlich dass vom Bestehen der Prüfung viel abhängt, um nicht zu sagen, dass Ihr Leben davon abhängt. Wenn Sie das Bestehen einer Prüfung zu einer Frage von Leben und Tod machen, wenn Sie also die Bedeutung der Prüfung oder das Versagen in der Prüfung überschätzen und dramatisieren, dann erzeugen Sie bei sich Angst."

Prüfungsangst ist demnach nicht angeboren. „Die Prüfungsangst könnte man als Spätabkömmling der Entwicklung verschiedener Ängste verstehen", erklärte Thomas Busch das Phänomen. „Schon Säuglinge haben Angst – beispielsweise vor lauten Geräuschen oder dem Fallen. Lebensbedrohliche Gefühle der Enge – dies weisen Forscher nach – existieren bereits während des Geburtsvorgangs. Zahl-

---

12 Pal Verlag, Mannheim, 2001

reiche so genannte infantile Ängste, wie die Angst vor dem Verlassen-
werden, entwickeln sich erst im weiteren Verlauf der Kindheit. Ein
Säugling hat noch keine Angst zu versagen – ein Schüler, Student
oder Erwachsener kann sie sehr wohl haben. Für die Angst, den eigenen Selbstwert zu verlieren, gilt Ähnliches – auch die entwickelt sich
viel später."

Vor allem ein leistungs- und normenorientierter Erziehungsstil
führt dazu, dass Kinder Erfolg über alles stellen und sich vor dem
Versagen fürchten. Als Erwachsene übernehmen sie selbst die Rolle
der Eltern und lehnen sich ab, wenn sie Misserfolge habe. Auf diese
Weise stellt jede Leistungsforderung eine bedrohliche Situation dar.
Schlechte Erfahrungen mit Prüfungssituationen – beim Gedichtauf-
sagen wurde man ausgelacht, beim Sport gehänselt, bei einer vorigen
Prüfungen von einem ungerechten Prüfer vorgeführt – verstärken die
Angst vor Prüfungen. Schließlich gibt die Gesellschaft Leistung als
Norm vor: Wer beruflich nicht entsprechend vorankommt, ist per
se ein Versager. Wenn dann noch äußerer Druck – etwa finanzielle
Schwierigkeiten und der Zwang, das Studium so schnell wie möglich
zu beenden – dazukommen, ist der Stress da.

6.2 Wenn Prüfungsangst extrem und damit gefährlich wird

Aus dieser diffusen Mischung von Angstauslösern heraus entsteht
ein monströses Bild der Prüfungssituation. Dennoch: „Eine Prüfung kann objektiv betrachtet niemals eine lebensbedrohliche Situation sein – aber sie kann im inneren Erleben höchst bedrohlich und
angstvoll-dramatisch wahrgenommen werden. Dies passiert dann,
wenn andere Ängste im Rahmen dieser Stresssituation aktiviert werden oder andere, frühere Lebens-, auch Prüfungserfahrungen auftauchen", meinte Dr. Busch. Eine nicht bestandene Prüfung kann zwar
sehr negative Folgen haben. Aber auch diese Folgen können niemals
lebensbedrohlich sein. Das sollte sich jeder Student immer wieder vor

Augen führen: Sein Leben geht weiter – auch nach einer nicht bestandenen Prüfung.

In der Wahrnehmung kann die Situation allerdings so bedrohlich wirken, dass scheinbar nur noch die Flucht davor – Vermeiden von Prüfungen, Studienabbruch – als Ausweg bleibt. Daher besteht ein wichtiger Teil der therapeutischen Arbeit darin, die Ressourcen jedes Einzelnen zu finden, zu stärken und so die Einstellung zu sich selbst und zur Prüfungssituation zu normalisieren.

Wie Prüfungsangst das Gesamtbefinden von Patienten beeinträchtigt und wie tief sie verwurzelt sein kann, erfahren die Psychologen der Beratungsstellen täglich. Dr. Reinhard Kukahn, der die Psychotherapeutische Beratungsstelle des Studentenwerkes Bonn leitet, erinnert sich an eine Studentin, die sich vor einiger Zeit an ihn wandte. „Die junge Frau war verklemmt, ängstlich und darauf bedacht, ein ´braves Mädchen` zu sein. Sie setzte sich auf die äußerste Stuhlkante und wartete auf meine Fragen. Wir haben insgesamt etwa 15 Gespräche geführt und allmählich herausgefunden, dass sie in den Prüfern unbewusst ihren Vater erlebte, dem sie nie etwas recht machen konnte, der stets den jüngeren Bruder bevorzugte und sie wegen ihres Studiums verachtete. Ihr Selbstwertgefühl war gleich null. Sie hatte Angst davor, dass alle Prüfer eine sadistische Freude darin sehen könnten, sie hereinzulegen. In den Gesprächen wurde sie dann immer lockerer und selbstbewusster und bestand schließlich alle ihre Prüfungen mit Bravour. Sie befreite sich aus der Opferrolle, die sie sonst immer einnahm, und agierte in ihren Prüfungen sogar zum Teil aktiv, das heißt, sie ertappte zum Beispiel eine Prüferin bei einer Wissenslücke und diskutierte mit ihr. An der Prüfungssituation selbst hatte sich nichts geändert, aber sie hatte eine neue Sicht auf sich selbst und die Situation bekommen und konnte sich freier dabei bewegen."

Nicht immer verlaufen die Beratungen und Therapien derart erfolgreich. So auch im Falle eines Medizin-Studenten, der Dr. Kukahn in seiner Koblenzer Praxis aufsuchte. Er war beim Staatsexamen durchgefallen und suchte nach Ursachen für seinen Misserfolg. „Er stu-

dierte bereits in einem sehr hohen Semester und war, obwohl er sich
mit vielen Freunden umgab, doch ziemlich allein. Es fiel ihm schwer,
sich auf unser Gespräch zu konzentrieren. Der Zufall ergab, dass er
sechs Wochen vor dem zweiten Examen zu einem Freund ins Studen-
tenwohnheim zog, und dort – in der völlig ungewohnten Umgebung
– lernte er das erste Mal intensiv und mit Spaß. Das war eine vollkommen neue Erfahrung für ihn. Dass er trotzdem durch das zweite Examen fiel, war wirklich tragisch und lag wahrscheinlich daran, dass die
Zeit etwas zu kurz war." In seltenen Fällen hilft schon ein Telefonat,
um den größten Druck aus einer akuten Situation herauszunehmen.
„Ich sprach einmal mit einer Studentin, die in vier Wochen ihr Examen machen wollte", berichtet Dr. Kukahn. „Sie war total flatterig
und aufgelöst, konnte kaum einen Satz formulieren, hatte schon seit
Tagen nicht mehr geschlafen. Ich empfahl ihr, sich zunächst aus der
Apotheke ein leichtes Medikament zur Beruhigung zu besorgen und
mit ihrem Hausarzt zu sprechen. Schon während unseres Gesprächs
wurde sie zunehmend ruhiger, es tat ihr einfach gut, sich bei jemandem auszuheulen, der nichts mit ihrem Problem zu tun hatte. Ich
riet ihr dann zum Beispiel, ihre Tagesgestaltung zu verändern und
nicht den ganzen Tag zu lernen. Hier blieb leider keine Zeit mehr, um
in regelmäßigen Gesprächen dem Problem auf den Grund zu gehen,
da die Prüfung unmittelbar bevorstand. In solchen Fällen kann aber
die Verhaltenstherapie gute Dienste leisten, die auch kurzfristig etwa
durch Übungen den Betroffenen Erleichterung verschafft."

6.3 Auswege aus der Angst-Falle

Die Studentenwerke und andere psychologische Beratungsstellen
sind also gute Ansprechpartner in Sachen Prüfungsangst. Hier wird
vorwiegend in Gruppen gearbeitet. Gruppen haben den Vorteil, dass
man sich mit Leidensgefährten austauschen und gemeinsam aus der
Lähmung, die Angst oft hervorruft, hinausfinden kann. „Wer seine
Prüfungsängste besser in den Griff bekommen will, muss lernen", so
Dr. Busch, „Schritte aus dem Kreislauf der Gefühle der Ohnmacht,

der Hilflosigkeit und des Ausgeliefertseins zu suchen und zu finden." In den Prüfungsangstgruppen werden daher unter anderem Prüfungssituationen nachgestellt. Obwohl nur ein Spiel, fühlen sich die Teilnehmer meist in ihre individuellen Prüfungssituationen versetzt. Nach etwa zehn Minuten wird das Prüfungsgespräch dann unterbrochen, und sowohl Prüfling als auch Prüfer können über ihre Gedanken und Gefühle sprechen. Wie sicher wirkte der Geprüfte und fühlte er sich? Wie war der Dialog zwischen Prüfer und Prüfling? Wie kam die inhaltliche Darstellung an? Was ist zu Körperhaltung und Ausdrucksweise zu sagen? Im zweiten Teil versucht der Prüfling, diese Anregungen in kleine, positive Schritte umzuwandeln. Wie kann ich zum Beispiel die Situation aktiv und kreativ beeinflussen? Ist es eine Katastrophe, wenn ich eine Frage nicht verstehe? Oder kann ich vielmehr den Prüfer fragen, ob er die Frage wiederholen oder präzisieren kann? Selbst ein vorübergehender Blackout unter Prüfungsbedingungen ist kein Beinbruch. Wer in der Prüfung darüber spricht, wird in den meisten Fällen auf einen verständnisvollen Prüfer treffen. Auf diese Weise wird durch eigenes Erleben und Feedback der Gruppe gelernt, dass man der Prüfungssituation nicht hilflos ausgeliefert ist und ihr positiv gegenübertreten kann. Überhaupt, so Busch, ist die Ungewissheit einer der größten Nährböden der Angst. Daher kann es helfen, als Beisitzer an realen Prüfungen teilzunehmen, da dann die diffuse und angstbesetzte Vorstellung durch echte Bilder ersetzt wird. Außerdem lernt man so den Prüfungsstil verschiedener Professoren kennen und erkennt, dass sie keine Studenten fressenden Monster sind. „Sehr oft haben Professoren im Gegenteil ein Händchen dafür entwickelt", weiß Dr. Kukahn aus Erfahrung, „wie sie panisch aufgeregte Prüflinge zunächst mit einfachen Fragen soweit beruhigen und aufbauen, dass sie ihr vorhandenes Wissen überhaupt abrufen können."

Aber nicht nur die Prüfungssituation selbst kann Angst machen, auch unrealistische Erwartungen an die eigene Leistung führen zu Prüfungsstress. So sind manche Studierende davon überzeugt, eine Jahrhundertarbeit schreiben zu müssen, obwohl nur eine einfache

Semesterarbeit gefordert ist. Das gilt auch für die Vorbereitung auf Prüfungen. Dr. Busch empfahl unter anderem, hierfür ein Tagebuch zu führen: „Zwischen Anspruch und Wirklichkeit klaffen bei vielen Studierenden mit Prüfungsangst riesige Lücken. Überhöhte Ansprüche führen dazu, dass die Aufgabe unlösbar erscheint im Vergleich zu dem, was man kann. Manche reagieren darauf mit Resignation, Verdrängung oder Ablenkung, andere mit einem völlig überzogenen Lernpensum. Beides ist natürlich nicht hilfreich. Man sollte stattdessen versuchen herauszufinden, wo man wirklich in der Vorbereitung steht. Dafür kann man tägliche Fortschritte in einem Tagebuch vermerken, auch, ob und wie man ein Zwischenziel erreicht hat. Diese Ziele sollten realistisch sein, d. h., es muss immer auch Zeit für Pausen und soziale Kontakte eingeplant werden. Diese Strukturierung bewirkt, dass man aus dem hilf- und planlosen Schwimmen in Richtung Prüfung eine halbwegs geordnete Vorwärtsbewegung macht."

Neben den eigenen Möglichkeiten sollte auch im Hinblick auf das Prüfungsergebnis ein gewisser Realitätssinn entwickelt werden. Muss ich wirklich in jeder Prüfungssituation überragend sein oder reicht ein ganz normales Ergebnis? Muss ich perfekt sein oder darf ich Wissenslücken haben? Bin ich verloren, wenn ich auf eine Frage nicht sofort eine erschöpfende Antwort parat habe, oder darf ich mir die Zeit nehmen nachzudenken und nachzufragen? Ist mein Leben zu Ende, wenn ich nur eine Vier schaffe, oder ist es nur ein momentaner Leistungsstand?

Fest steht: Eine Prüfung kann zwar unter Umständen viel bedeuten und viel entscheiden – man denke nur an die Prüfungssituation Vorstellungsgespräch. Dennoch erwartet den Prüfling nur ein Urteil, noch dazu ein subjektives, über einen Teil seines Wissens, keine Aburteilung seiner gesamten Person. Wer es schafft, hier gedanklich eine Trennlinie zu ziehen, hat wahrscheinlich einen guten Teil des Drucks herausgenommen.

„Das Ziel (der Bewältigung von Prüfungsangst) ist es", schreibt ein Ratgeber der Psychologischen Studentenberatung Stuttgart treffend „mit einem angemessenen Maß an emotionaler Anspannung sowie mit einer erträglichen Arbeitsbelastung ein realistisches Prüfungsergebnis zu erreichen." Da Prüfungsangst keine Reaktion auf eine reelle Bedrohung ist, sondern eine Reaktion auf unsere negativen Gedanken und Gefühle, die wir mit der Situation verbinden, muss genau hier auch die Bewältigungsstrategie ansetzen: Die endlose Kette von destruktiven Gedanken und unangenehmen Gefühlen im Vorfeld von Prüfungen – oft verbunden mit passenden Katastrophen-Bildern, die im Kopf ablaufen – muss abgeschnitten werden. Daher sollte zum einen das verschwommene Endzeitbild von Prüfungen durch klare Fakten ersetzt werden: Wo findet die Prüfung statt? Den Raum kann man sich vorher schon einmal anschauen. Wie läuft die Prüfung genau ab, wie lange wird sie etwa dauern? Kenne ich die Prüfungsanforderungen? Welcher Professor prüft mich, welchen Stil verfolgt er im Allgemeinen? In Rollenspielen mit Kommilitonen kann geübt werden, wie zum Beispiel in der mündlichen Prüfung am wirkungsvollsten das eigene Wissen präsentiert wird. Rückmeldungen von anderen auch über Körperhaltung oder Gestik können mehr Sicherheit bringen.

Auf der gedanklichen Ebene sollten destruktive, Angst einflößende, unrealistische Sätze bewusst durch konstruktive, helfende, realistische ersetzt werden. Nur so gelingt es, die negativen Erwartungen an die Prüfung zumindest durch realistische zu ersetzen. Das klappt nicht beim ersten Mal, wie überhaupt die Angst – da sie über Jahre erlernt wurde – nicht von einem Tag zum anderen verschwindet. Die Sätze sollten mehrmals täglich wiederholt werden – und zwar immer dann, wenn sich das Negative wieder in den Vordergrund spielen will. Beispiele für solche konstruktiven Sätze, die dabei helfen, die Prüfung zu bestehen, sind die folgenden:

Positive Selbstgespräche führen

■ Ich kann zwar nicht mehr alle meine Wissenslücken füllen, aber besser, ich fange heute mit dem Lernen, als noch länger zu warten. Jeder Tag, den ich lerne, bringt mich dem Prüfungserfolg näher.

■ Ich muss nicht alles wissen, um die Prüfung zu bestehen. Es gibt Leute, die auch mit Lücken Prüfungen bestanden haben. Ein bisschen Glück gehört dazu.

■ Mein Gehirn funktioniert besser als jeder Computer. Wenn im Augenblick nichts mehr hineingeht, liegt es wahrscheinlich daran, dass ich eine Pause machen muss.

■ Es ist vollkommen unwahrscheinlich, dass ich in der Prüfung gar kein Wort herausbekomme. Denkblockaden lösen sich wieder auf.

■ Ich werde mich in der Prüfung nicht unter Zeitdruck setzen lassen, sondern erst über die Frage nachdenken. Dieses Recht habe ich.

■ Wenn ich eine Frage nicht gleich verstehe, versuche ich ruhig zu bleiben und bitte den Prüfer um eine Erklärung.

■ Prüfer sind auch nur Menschen und haben Verständnis für meine Aufregung. Wenn ich einen Blackout habe, teile ich das dem Prüfer mit und bitte um einen Moment Aufschub.

■ Ich bin dem Prüfer nicht ausgeliefert, da er nur über eine Note, nicht über mein Leben entscheidet.

■ Die Prüfungsnote entscheidet nicht allein über meine Zukunft. Es gibt viele weitere Kriterien, die Einfluss auf beruflichen Erfolg haben.

■ Durch eine nicht bestandene Prüfung werde ich nicht zum Versager. Wenn das jemand behauptet, ist er oberflächlich, und das sage ich ihm auch.

■ Die anderen Prüflinge haben auch Angst und wissen auch nicht mehr als ich. Ich habe keinen Grund, mich klein zu machen.

■ Ich kann auch mit einer weniger gut verlaufenden Prüfung leben. Es liegt an mir selbst, ob ich mir einen Fehler verzeihe oder jahrelang mit mir herumschleppe.

■ Ich habe schon erfolgreich Prüfungen bestanden. Ich weiß, dass ich es schaffen kann.

Eine der schlimmsten Befürchtungen bezieht sich auf den Blackout, die vollkommene Leere im Kopf (siehe auch Kapitel 3). Oftmals kann man sich weder an das erinnern, was man selbst gesagt hat, noch an die Frage des Prüfers. Da es sich um eine normale Stress-Reaktion handelt, kennt sie der erfahrene Prüfer wahrscheinlich zur Genüge und weiß, wie er damit umgeht. Er wird eine kleine Pause anbieten und die Frage dann wiederholen. Wenn nicht, muss man sich diese Pause selbst verschaffen. Wichtig: Nicht vor Scham vergehen, sondern die Denkblockade zugeben, darüber sprechen. Meist reichen schon ein paar belanglose Sätze, um den Faden wiederzufinden.

6.4   Wie wird richtig gelernt?

Wer in der Phase der Prüfungsvorbereitung zu Lähmungserscheinungen oder zu Hyperaktivität neigt, für den ist ein strukturierter Tagesablauf mit gut dosierten Lerneinheiten ganz wichtig. Wohl dem, der jetzt auf selbstverfasste Zusammenfassungen von Stoffeinheiten oder Exzerpte von Gelesenem zurückgreifen kann. Da es in eigenen Worten geschrieben ist, kann man den Stoff sehr leicht rekapitulieren und sich einprägen. Damit machen sich Menschen mit und ohne Prüfungsangst das Lernen leichter. Diese Art der Prüfungsvorbereitung beginnt also schon kurz nach der Vorlesung oder dem Seminar und gibt das dauerhaft sichere Gefühl, schon etwas getan zu haben. Zeitnah sollten auch Zwischenprüfungen abgelegt werden: Dann ist der Stoff noch frisch im Gedächtnis. Zudem verhindert man, dass sich am Ende des Studienjahres oder gar des Studiums die Prüfungen aufstauen – für Menschen, die ohnehin Prüfungsangst haben, eine zusätzliche Horrorvision.

Manch einer gehen zum Lernen in eine Bibliothek, in einen stillen Park oder ein leeres Café. Der Grund: Zu Hause lenkt er sich ständig selbst ab, plündert den Kühlschrank, ruft dauernd jemanden an oder putzt die Wohnung – statt zu lernen. Wem das hilft, auch gut. Alle anderen können zu Hause dafür sorgen, dass sie nicht ständig abgelenkt werden. Die Tür zum Arbeitszimmer demonstrativ schließen, Fernseher und Handy ausschalten.

Um ein wenig System in das Lernen zu bekommen, sind Lernpläne hilfreich. Je nachdem, wie viel Zeit noch zum Lernen bleibt, kann der Stoff in Wochen- und Tagesrationen aufgeteilt werden. Wichtig hierbei ist, sich realistische Ziele zu setzen, die mit annehmbarem Aufwand auch zu erreichen sind. Sonst bleibt wieder irgendein schales Gefühl zurück. Nach getaner Arbeit wartet eine Belohnung – ein schönes Abendessen, ein Besuch bei Freunden, ein Kinobesuch oder einfach ein dickes Eigenlob. Das tankt auf und taucht das unangenehme Lernen in ein etwas angenehmeres Licht.

Manche Studenten schwören auf Lerngruppen, um Stoff zu wiederholen und unklare Fragen zu diskutieren. Warum nicht? Denn neben dem Lernen wirkt die Gemeinsamkeit Wunder – geteiltes Leid ist eben wirklich halbes Leid. Wer sich allerdings von dem Gejammer der anderen eher heruntergezogen fühlt, sollte es lieber allein versuchen und sich in der Freizeit mit Menschen umgeben, die ihn auf andere Gedanken bringen.

6.5 Angstlösende Entspannungstechniken

Mithilfe von einfach erlern- und anwendbaren Atemtechniken gelingt es relativ gut, eine akute Angstsituation etwas zu entspannen. Die Beschäftigung mit der eigenen Atmung lenkt von der angstauslösenden Situation ab und sorgt für entspannende Ruhe. Wichtig ist, möglichst tief einzuatmen. Flache Brustatmung versorgt den Körper nur unzureichend mit lebenswichtigem Sauerstoff und macht uns leicht „kurzatmig", was gerade in Prüfungen sehr ungünstig ist. Durch tiefe Atmung verringert sich der Atemrhythmus, was an sich schon beruhigend wirkt. Verstärkt wird die Wirkung, wenn man versucht, erst in den Bauch und anschließend in die Brust einzuatmen. Der Oberkörper richtet sich dadurch unwillkürlich auf, man wird „weit". Beim Ausatmen die umgekehrte Reihenfolge nutzen. Ruhige Atmung erreicht man unter anderem auch dadurch, dass man versucht, weich auszuatmen. „Stell Dir vor, vor Deinem Mund ist eine Kerze. Bemühe Dich so zu atmen, dass sie nicht flackert. Stell Dir ein ganz weiches Fell oder Samttuch vor, so weich soll sich Dein Atem anfühlen. Leicht wie eine Feder", beschreibt es Atem- und Meditationstrainer Rainer Dahl.[13] Gleichmäßige, regelmäßige Atemzüge wirken der hektischen Schnappatmung entgegen, zu der man unter Stress neigt. Versuchen Sie, etwa bis drei zu zählen und dabei einzuatmen und ebenso lange wieder auszuatmen. Jeder muss für sich selbst entscheiden, wie lang die Phasen sind. Entscheidend ist, dass man sich dabei wohl fühlt.

Andere Entspannungstechniken sind nicht so ad hoc erlernbar und entfalten ihre Wirkung langfristig. Das Erlernen solcher Techniken sollte daher nicht erst unmittelbar vor einer Belastungssituation in Angriff genommen werden, sondern in möglichst stressfreien Zeiten. Wer sie ausreichend geübt hat und daher beherrscht, kann damit sehr gute entspannende Ergebnisse erzielen. Relativ leicht zu erlernen ist die Progressive Muskelentspannung nach Jacobson, auch Tiefenentspannung genannt. Vorteil: Sie kann im Liegen und Sitzen durchgeführt werden, eignet sich also auch für die Entspannung unmittelbar vor einer Prüfung, wenn man irgendwo ein ruhiges Eckchen findet. Nacheinander werden bestimmte Muskelpartien einige Sekunden angespannt und anschließend bewusst die darauffolgende Entspannung des Muskels verfolgt. Ist das Programm absolviert, sollte man sich noch einige Zeit der Ruhe gönnen und langsam „aufwachen", statt

---

13   www.atemuebungen-atemtechniken.de

sich sofort wieder in den Alltag zurückzubegeben. Erlernt werden kann die Technik in psychologischen und psychotherapeutischen Praxen, aber auch preiswert an sehr vielen Volkshochschulen.

Das autogene Training erfordert schon etwas mehr Übung, damit es seine entspannende Wirkung voll entfalten kann. Auch hier werden Sie bei vielen Volkshochschulen entsprechende Kurse finden. Autogenes Training basiert auf Selbstbeeinflussung bzw. Autosuggestion. Durch Sätze, die man in Gedanken zu sich selbst spricht, erreicht man bestimmte körperliche Reaktionen, wie Schwere und Wärme von Körperteilen oder gleichmäßige Atmung. Wichtig ist anfänglich eine ruhige Umgebung ohne Ablenkungen, damit man sich wirklich auf den eigenen Körper konzentrieren kann. Später mit der entsprechenden Übung gelingt es auch in einer normalen Umgebung sehr gut und schnell, in den Zustand der Entspannung zu gelangen. Auch bei dieser Technik ist es wichtig, langsam daraus aufzutauchen und die Übungen nicht abrupt zu beenden.

Eine komplexe Technik ist Yoga in seinen unterschiedlichen Spielarten. Die Übungen zielen auf Körper, Geist und Seele ab, die als Einheit verstanden werden. Sie kombinieren Körperübungen, Atemtechniken, Tiefenentspannung und Meditationsübungen. Ziele sind sowohl erhöhte Vitalität als auch mehr Gelassenheit. Um Yoga zu erlernen, sollte man sich möglichst an Institutionen wie Volkshochschulen wenden, weil sie unabhängig von religiösen und weltanschaulichen Auffassungen arbeiten. Auch in vielen Selbsthilfe-Einrichtungen und Nachbarschaftstreffs werden relativ günstige Yoga-Kurse angeboten. Wichtig ist, dass der Lehrer ein anerkanntes Diplom besitzt. Die gesetzlichen Krankenkassen haben Leitlinien für die Anerkennung entwickelt, um ein Minimum an Qualität der von ihnen unterstützten Kurse zu gewährleisten: Demnach muss die Ausbildung mindestens zwei Jahre umfassen und neben den fachlichen Inhalten auch medizinische Grundlagen wie Anatomie, Physiologie, Psychosomatik und Atmung beinhalten.

6.6 Professionelle Hilfe oder Selbsthilfe?

Nicht jede Prüfungsangst muss therapeutisch behandelt werden – sonst würden die Beratungsstellen dem Andrang nicht standhalten. Wer das Gefühl hat, mit den genannten oder anderen Strategien die Angst auf einem erträglichen Level halten zu können – wunderbar. Wer allerdings nicht allein aus dem Kreislauf seiner negativen Gedanken und Gefühle ausbrechen kann, wem es nicht gelingt, die Prüfung als einen zwar unangenehmen, aber notwendigen Entwicklungsschritt anzusehen, der sollte fachliche Hilfe in Anspruch nehmen. Die studentischen Beratungsstellen, die es im Übrigen nicht nur bei den Studentenwerken, sondern auch an vielen Hochschulen gibt, sind der richtige Anlaufpunkt für ein erstes Gespräch. Beratung und Therapie sind hier kostenlos und können von allen Studierenden in Anspruch genommen werden. Dieses Angebot ist doppelt wertvoll, da Prüfungsangst als Krankheitsbild für niedergelassene Ärzte und Therapeuten gegenüber den Krankenkassen meist nicht abrechenbar ist. Neben Erst- und Krisengesprächen findet der Ratsuchende hier die Möglichkeit zu Einzelsitzungen, vor allem aber zur Gruppentherapie. Betreut wird er von Fachleuten – Ärzte und Therapeuten, die neben ihrer Tätigkeit in den Beratungsstellen meist in eigenen Praxen tätig sind.

Da Prüfungsangst individuell ganz unterschiedlich erlebt wird, gibt es keinen Gradmesser, ab wann man sich ihretwegen ernsthaft Sorgen machen muss. Jeder muss für sich entscheiden, ob er dem selbsterzeugten Druck standhalten kann oder ob der Druck für ihn unerträglich ist – und er entsprechend Hilfe braucht.

7. Motivationsprobleme: Ich habe keine Lust mehr

Zeiten der Lustlosigkeit kennt wohl jeder von uns. Ob privat oder beruflich – man kann nicht jederzeit mit voller Kraft und Motivation ans Werk gehen. Falls die Ursachen dafür in uns selber liegen – zu viel Stress, zu wenig Urlaub usw., – kann man die Situation unter Umständen ganz gut in den Griff bekommen. Macht allerdings die Arbeit insgesamt keinen Spaß mehr, weil etwa der Sinn verloren gegangen ist, Anerkennung fehlt, das Betriebsklima schlecht ist, dann ist die Situation meist deutlich ernster. Denn aus einem Motivationsproblem, das nicht beeinflusst werden kann, entsteht Schritt für Schritt ein Zustand, der mit „innere Kündigung" umschrieben wird.

7.1 Wie innere Kündigungen entstehen

Auf erste Enttäuschungen wird zunächst mit Protest reagiert, dann mit Resignation und schließlich mit der Kündigung „im Geiste". Da sich dieser Prozess langsam und schleichend vollzieht, wird er häufig nicht bewusst wahrgenommen, weder vom Betroffenen selbst noch vom jeweiligen Vorgesetzten. Erst ein spürbares Nachlassen der Leistungen führt dann in der Regel dazu, den Mitarbeiter zu kritisieren, der sich daraufhin noch mehr in die innere Kündigung zurückziehen wird. Wer innerlich gekündigt hat, geht zwar noch zur Arbeit, aber zu mehr als „Dienst nach Vorschrift" reicht die Kraft nicht. Dagegen wird viel Kraft darauf verwandt, die Situation vor Kollegen und Vorgesetzten zu verheimlichen. Früher oder später wird sich allerdings bemerkbar machen, dass die Arbeitsleistung sinkt, das Engagement nachlässt, der Kontakt zu den Kollegen leidet. Daher ist es zunächst wichtig zu erkennen, wo die Ursachen für den Überdruss liegen.

Wenn Arbeit unzufrieden und lustlos macht

Es gibt sehr viele Gründe, mit der derzeitigen Arbeitssituation unzufrieden zu sein und daher keinen Spaß mehr an der Arbeit zu finden. Einige sind nachfolgend aufgelistet:

■ Unzufriedenheit mit der Arbeitssituation (eintönige Arbeit, keine Entwicklungsmöglichkeit, man sieht "keinen Sinn" mehr in der Arbeit usw.

■ schlechtes Betriebsklima (fehlende oder eingeschränkte Kommunikation, ungeeignete Vorgesetzte, fehlende Transparenz bei wichtigen Entscheidungen),

■ Unter- oder Überforderung, was die Arbeitsaufgabe und -intensität betrifft,

■ Angst vor Rationalisierungen und Umorganisationen bzw. Unklarheit über bevorstehende Veränderungen,

■ fehlende Anerkennung, unfaire Behandlung,

■ intransparente Verantwortlichkeiten, unklare Hierarchien (wer kann mir welche Anweisungen geben, wem gegenüber bin ich rechenschaftspflichtig, wohin gehöre ich?),

■ unklare Aufgabenstellungen oder Aufgaben, die in keinen größeren Zusammenhang eingebettet sind bzw. nur bruchstückhaft sind und damit keinen Sinn ergeben,

■ ständiger Zeitdruck, der sich auf die Qualität der Arbeit auswirkt und das Verhältnis zu Kollegen stört,

■ Mobbing,

■ als ungerecht empfundene Leistungsbeurteilungen, Bewertung der Arbeitsergebnisse,

■ berufliche Erwartungen oder Versprechungen haben sich nicht erfüllt (Karriere, Auslandsentsendung, Projektleitung),

■ Einkommen und Erhalt des Arbeitsplatzes stehen im Zentrum des Interesses, während die eigentliche Arbeit vollkommen nebensächlich geworden ist,

■ Burnout, Depressionen, Stress,

◼ obwohl man gern kündigen und wieder eine sinnerfüllte
Arbeit haben möchte, kommt eine Kündigung wegen Angst
vor Arbeitslosigkeit und fehlender Alternativen nicht infrage.

7.2 Wie wirkt sich Motivationslosigkeit aus?

Die Folgen für den Betroffenen können verheerend sein: Er wird
zunehmend unzufrieden mit der gesamten Situation, geht nicht mehr
gern zur Arbeit, erlebt die Arbeitssituation als unangenehm und negativ, trifft zunehmend auf Ablehnung und Unverständnis im Kollegen-
kreis, fühlt sich einsam und isoliert, zieht sich zurück. Das wirkt sich
unmittelbar auf die Arbeit aus: Die Loyalität gegenüber dem Arbeitgeber lässt spürbar nach, wurden früher auch mal Zusatzschichten
gefahren oder unerwartete Aufgaben gern übernommen, macht man
jetzt nur noch das Allernotwendigste. Wenn es geht, meldet man sich
krank, um der zunehmend unerträglich werdenden Situation aus dem
Weg zu gehen. Die Leistungsbereitschaft und schließlich die Leistung
lassen spürbar nach, es passieren Fehler, die früher nie passiert wären.

So macht sich innere Kündigung bemerkbar

◼ Engagement und Einsatzbereitschaft lassen nach,
◼ Arbeitsleistung beschränkt sich auf ein Mindestmaß,
◼ keine Eigeninitiative,
◼ Verhaltensveränderungen: Aus Menschen, die Überstun-
den leisteten, mit neuen Ideen aufwarteten, um Karriere zu
machen, werden Menschen, die nur noch das Nötigste leis-
ten und ihre Arbeitszeit genau einhalten. Oder aus kritischen
Mitarbeitern werden „Ja-Sager",
◼ Handlungsbefugnisse werden nicht ausgeschöpft,
◼ „Jammerclubs" im Unternehmen entstehen,

- beruflich wird nur noch das Nötigste kommuniziert, Rückzug ins Private,
- Entscheidungen von Vorgesetzten – auch solche, die als widersinnig erkannt werden – werden kommentarlos akzeptiert,
- die gesamte Körpersprache signalisiert Resignation, Kraftlosigkeit, Langeweile, Desinteresse,
- distanziertes und kühles Verhalten gegenüber Kollegen und Kunden,
- an Veranstaltungen, die nicht unmittelbar mit der Arbeit zu tun haben, wird nicht mehr teilgenommen,
- bei Diskussionen und Teamarbeit bleibt man passiv,
- erhöhte Fehlzeiten, verlängerte Pausen während der Arbeitszeit, überpünktlicher Feierabend,
- kein Interesse an Weiterbildung und Karriere,
- Kritik und Strafen prallen scheinbar unbeeindruckt ab.

Wer schon so weit unten angekommen ist, der ist unter Umständen ein Kandidat für Abmahnung und Kündigung, wird ein Mobbing-Opfer oder wirklich krank. Jetzt ist höchste Zeit zum Handeln! Im Prinzip haben Sie zwei Möglichkeiten: Sie ändern bzw. verbessern Ihre Arbeitssituation oder Sie suchen sich eine andere Arbeit – innerhalb oder außerhalb Ihres Unternehmens.

7.3 Auswege aus der Lustlosigkeit im Job

Wenn Sie die erste Variante wählen, können Sie in einem ersten Schritt Ihre tatsächliche Arbeitssituation analysieren. Gibt es objektive Gründe für Ihre Unzufriedenheit oder hat sich nur ihre Sicht oder Ihr Anspruch an die Arbeit im Laufe der Zeit verändert? Tatsächliche Veränderungen können ein neuer Chef, eine Versetzung in eine andere Abteilung, eine neue Aufgabe oder auch der Entzug von Verantwortungsbereichen sein. Subjektiv kann viel passiert sein, was

Sie so demotiviert – Sie haben sich mehr von der Stelle versprochen, andere Entwicklungsmöglichkeiten erwartet oder verspüren einfach nach einigen Jahren das Bedürfnis nach Veränderung. Egal was: Wichtig ist, dass Sie sich darüber klar werden, woran es liegt, dass Sie jeden Morgen mit weniger Freude zur Arbeit gehen. Stellen Sie doch einfach in einer Liste die Vor- und Nachteile Ihrer derzeitigen Arbeit nebeneinander. Bei den Vorteilen können Sie nach dem Prinzip vorgehen, einer Urlaubsvertretung Ihren Job schmackhaft zu machen. Wenn Ihnen hierfür allerdings gar nichts einfällt, ist die Situation wahrscheinlich nicht mehr zu retten. Tauchen auf dieser Seite allerdings doch einige Dinge auf, könnte es sein, dass das Verhältnis zwischen Ihnen und Ihrer Arbeit doch noch nicht völlig zerrüttet ist.

Vielleicht entsprechen Ihre Ansprüche an die Arbeit oder berufliche Ziele, die Sie damit verbinden, nicht ganz der Realität bzw. sind überzogen? Ist es nötig, wirklich in jedes Projekt einbezogen zu werden, oder reicht es, hin und wieder besondere Verantwortung zu übernehmen und ansonsten seine normale Arbeit möglichst gut zu machen?

Realistische Ziele, die Sie erreichen können, können ein enormer Kick für schwächelnde Motivation sein. Wer sich diese Ziele nicht selbst stellen mag oder kann oder sonst nicht selbst aus der Situation der Lustlosigkeit herausfindet, sollte ein Gespräch mit dem Vorgesetzten führen. Auch bei allen größeren Motivationslöchern sollte dieser Weg eingeschlagen werden. Gute Vorgesetzte werden nach Ursachen fragen. Wenn Sie sich schon mit Ihrer Situation beschäftigt haben – und das sollten Sie vor diesem Gespräch – können Sie nun Ihre Probleme vortragen. Positiv ist zu werten, wenn Sie auch schon Lösungsmöglichkeiten vorbereitet haben, die Sie präsentieren können.

7.4 Was Vorgesetzte und Unternehmen tun können

Wer als Vorgesetzter mit demotivierten Mitarbeitern zu tun hat, sollte ebenfalls aktiv werden. Nehmen Sie dem Mitarbeiter die schwere

Entscheidung ab, sich Ihnen anzuvertrauen, indem Sie selbst einen Gesprächstermin anberaumen. Was können Sie im Vorfeld noch tun bzw. woran erkennen Sie drohende oder bereits manifeste Motivationsprobleme in Ihrem Team? Registrieren Sie Anzeichen, wie erhöhter Krankenstand, häufige Fehlzeiten, nachlassende Qualität, steigende Anzahl von Beschwerden und Kundenreklamationen mit Sorgfalt. Wo liegen die Ursachen? Betrachten Sie selbstkritisch Ihren eigenen Führungsstil. Versuchen Sie, Rückmeldungen anderer Kollegen einzuholen. Wie geht es dem Team insgesamt mit Ihnen als Chef? Zufriedene Mitarbeiter sind ein wichtiges Kapital, das Sie hegen und pflegen sollten.

Guter Führungsstil motiviert Mitarbeiter

- führen Sie kooperativ, nicht selbstherrlich,
- erweitern Sie die Handlungsspielräume Ihrer Mitarbeiter,
- loben Sie häufiger, als Kritik zu äußern,
- binden Sie Mitarbeiter, die offensichtlich innerlich gekündigt haben, ganz bewusst in Vorhaben ein und fordern Sie sie auf, Verbesserungsvorschläge zu machen.

Was können Unternehmen noch tun, um die Orientierungs- und Motivationslosigkeit ihrer Mitarbeiter zu verhindern? Wichtig sind für alle Mitarbeiter und Führungskräfte geltende Visionen. Eine klar erkennbare und für alle nachvollziehbare und bindende Unternehmensphilosophie macht es dem einzelnen Mitarbeiter einfacher, sich für das große Ganze zu interessieren und sich damit zu identifizieren. Wo solche Unternehmenswerte fehlen, fühlt sich häufig auch die eigene Arbeit wertlos an. Visionen hingegen schaffen Gemeinsamkeiten, die sich förderlich auf die Motivation auswirken. Unternehmen und Vorgesetzte sollten versuchen, zwischen den Zielen des Unternehmens und denen seiner Mitarbeiter eine größtmögliche Übereinstimmung herzustellen.

In Mitarbeiter- und Zielvereinbarungsgesprächen sollten Vorgesetzte erfragen, wo der Mitarbeiter seinen Beitrag für ein erfolgreiches Unternehmen sieht und wie er diesen Beitrag am sinnvollsten leisten kann. Daraus ergeben sich zum Beispiel notwendige Weiterbildungen oder andere Entwicklungsmaßnahmen, die beiden Seiten zugutekommen. Ein hohes Frustrationspotenzial hat bevorstehender Personalabbau. Aber auch verbleibende Mitarbeiter sind häufig unmotiviert und kündigen innerlich. Dem kann nur durch absolute Offenheit und Transparenz in der Information und Kommunikation durch die Unternehmensleitung entgegengewirkt werden. Mitarbeiter, die die Notwendigkeit von Personalabbau verstehen, können ihn leichter akzeptieren bzw. darauf reagieren. Das Gefühl, überhaupt eine Entscheidungsmöglichkeit bzw. einen Handlungsspielraum zu haben, entlastet Betroffene in der Regel.

Neben drohender Arbeitslosigkeit verursacht auch eine ausgereizte Karriereleiter Trostlosigkeit. Die meisten Mitarbeiter, denen vermittelt wird, dass es an bestimmten Punkten keine weiteren Entwicklungsmöglichkeiten mehr gibt, wollen das nicht wahrhaben. Sie engagieren sich noch stärker als bisher, bis sie realisieren, dass der gewünschte Aufstieg doch nicht mehr kommt. Das Ergebnis ist dann häufig die innere Kündigung. Um dieser späten Erkenntnis entgegenzuwirken, hilft es, rechtzeitig nach Alternativen zu suchen. Manchmal ist ein so genannter „horizontaler Aufstieg" ein Ausweg, indem man sich etwa um Projektverantwortung bemüht, oder eine andere Tätigkeit im Unternehmen. In vielen Fällen hilft dann aber nur noch die tatsächliche Kündigung.

7.5 Studieren ohne Lust und Ziel

Auch an den Hochschulen schlagen sich viele Studierende mit dem Problem des Motivationsverlustes herum. Das kann sich darin äußern, dass sie sich unwohl fühlen und keine Freude mehr an ihrem Studium haben, dass sie keinen Bezug zu ihrem Fach finden und daher enttäuscht und frustriert sind, keinen Sinn in ihrem Studium sehen, aber auch Alternativen fehlen. Der Glaube daran, dass das Studium jemals mit Erfolg abgeschlossen werden kann und zu einem beruflichen Einstieg führen wird, schwindet immer mehr. Die Folge sind zunehmende Unruhe, Anspannung, Gereiztheit. Betroffene können aber auch nicht über ihr Studium und die Probleme damit sprechen, schämen sich, den Anforderungen nicht gerecht zu werden, isolieren sich und schränken schließlich den Kontakt zu Kommilitonen immer mehr ein. Das Selbstwertgefühl sinkt, proportional dazu steigen die Selbstzweifel. Sogar depressive Verstimmungen und die Angst, das Leben nicht meistern zu können, sind Folgen. In dieser Gesamtsituation fällt es natürlich schwer, das Studienpensum zu schaffen, so dass am Ende nicht selten der Studienabbruch steht.

Wie kommt es, dass Studierende mit den gleichen formalen Voraussetzungen so unterschiedlich auf ähnliche Anforderungen reagieren? Warum studiert der eine motiviert und konzentriert, während der andere ziel- und perspektivlos wirkt?

„Wenn man weiß, was man will, wenn sich das eigene Handeln in Übereinstimmung mit den Lebensperspektiven befindet, fühlt man sich wohl", erklärt Hans-Werner Rückert von der FU Berlin. „Man ist bereit, Anstrengungen in Kauf zu nehmen, und erlebt das Bewältigen von Aufgaben als befriedigend. Man sieht das Bild von sich durch konkrete Handlungen bestätigt. Das motiviert für weitere Arbeit. Verstärkt wird solch ein Gefühl durch die Erfahrung, mit Gleichgesinnten an ähnlichen Zielen zu arbeiten. Es hilft, die eigenen Handlungen einordnen und bewerten zu lernen." Auch vorübergehende Motivationsprobleme im Studium sind völlig normal. Wer sich nach mehr oder weniger intensiver Suche auf ein bestimmtes Studienfach festgelegt hat, kann im Laufe des Studiums Zweifel bekommen, ob diese Wahl wirklich richtig und endgültig war. Wer sich vorab intensiv mit seinem Fach befasst hat, sich vielleicht sogar schon über Lehrinhalte informiert und ein Praktikum absolviert hat, muss unter Umständen mit weniger bösen Überraschungen während des Studiums rechnen als derjenige, der relativ uninformiert in sein Studium stolpert. Das kann, muss aber nicht sein! Der Wunsch, noch einmal über die Entscheidung nachzudenken und diese gegebenenfalls zu revidieren, ist nichts Schlimmes. „In solchen Phasen kann man nicht einfach ungestört weiterlernen und -arbeiten, als sei alles in Ordnung", betont Rückert. „Eine rechtzeitige Studienunterbrechung, ein Fachwechsel oder eine berufliche Neuorientierung sind jedoch subjektiv und objektiv befriedigender als ein lang verschlepptes, ungeliebtes oder wenig erfolgreiches Studium. Dauerhaftere Motivationsprobleme, auch nachdem Sie vielleicht schon einmal oder mehrere Male das Studienfach gewechselt haben, sind ernster zu nehmen." Gründe für lang anhaltende fehlende Motivation sind zum Beispiel:

- das Studium über- oder unterfordert Sie intellektuell,
- Sie erwarten von vornherein Misserfolge und suchen sich aus dem Grund besonders einfache oder besonders schwierige Aufgaben heraus; Erfolg wird als Zufall deklariert, Misserfolg dauerhaft fehlenden Fähigkeiten zugeschrieben. Optimisten hingegen suchen sich meist mittelschwere Aufgaben heraus, die sie ausreichend fordern, aber zugleich lösbar sind
- die Ziele, die Sie mit dem Studium verbinden, sind Ihnen entweder unklar, sie entsprechen nicht Ihren tatsächlichen Wünschen oder Sie verbinden widersprüchliche Gefühle damit,
- das Studium entspricht nicht Ihren Begabungen und Talenten, Ihren Fähigkeiten und Interessen,
- Probleme in Ihrem persönlichen Leben färben auf das Studium ab,
- Sie sind mit wichtigen Studientechniken und -methoden nicht ausreichend vertraut,
- Sie können mit den unvermeidlich im Studium auftretenden Phasen der Frustration und mit Durststrecken nicht umgehen.

Ob jemand motiviert ist oder umgangssprachlich „Lust auf etwas" hat, hängt von vielen Faktoren ab. Motiviert ist, wessen Aufgabe den eigenen Zielen und Bedürfnissen entspricht und zwar idealerweise in allen oder möglichst vielen Aspekten, wer davon überzeugt ist, dass er Erfolg haben wird und dieser Erfolg bedeutsam für das weitere Leben ist und mit der nötigen Tatkraft ausgestattet ist, dies in die Tat umzusetzen. Jeder Mensch besitzt eine ihm eigene Motivationsstruktur, die sich aus verschiedenen Antriebskräften zusammensetzt und die sich im Laufe des Lebens entwickelt. Dennoch muss man eine solche „Veranlagung" nicht fatalistisch hinnehmen, sondern kann sich gezielt selbst motivieren bzw. die Hilfe anderer in Anspruch nehmen.

Was kann man gegen eine geringe Frustrationstoleranz tun?

Wer beim geringsten Widerstand oder Ärger eine Arbeit hinwirft und als unlösbar einstuft, hat wahrscheinlich eine zu geringe Frustrationsschwelle. Wenn Sie dazu gehören, dann versuchen Sie. folgende Ratschläge zu beherzigen:[14]

- Hören Sie auf, Dinge, die anstrengend und fordernd sind, als zu anstrengend und zu belastend zu bewerten.
- Geben Sie Ihre Wünsche nach Behaglichkeit auf.
- Verabschieden Sie sich von der Auffassung, dass Sie negative Spannungs- und Gefühlszustände unbedingt vermeiden müssen.
- Schalten Sie bei Durststrecken von der Steuerung durch positive Motive um auf willentliches Durchhaltenwollen.

Um sich selbst besser zu motivieren, ist es wichtig, immer nur über seine Schwächen zu jammern, sondern über die eigenen Stärken nachdenken, die jeder hat. Stärken stärken, Schwächen schwächen. Wer Vertrauen zu sich selbst hat und davon überzeugt ist, anstehende Aufgaben lösen zu können, findet auch einen Weg. Verantwortung für das eigene Handeln und Leben zu übernehmen ist die wichtigste Grundlage, um die guten Vorsätze umsetzen zu können. Um dahin

---

14 Werner Rückert, www.fu-berlin.de

zu gelangen, sind realistische Ziele entscheidend. Ständig irgendwelchen Erwartungen – eigenen und fremden – hinterherzurennen und nie zu erreichen, demotiviert zwangsläufig. Entscheidend ist die Antwort auf die Frage: „Was will ich erreichen?" Nicht die Wünsche der Eltern, Partner oder Freunde sind ausschlaggebend, sondern die eigenen. Wenn Sie etwa während Ihres Medizinstudiums zu der Überzeugung gelangen, dass Sie damit nur die Ziele des Vaters verwirklichen, während die eigenen Interessen in eine ganz andere Richtung gehen, dann sollten Sie den Mut haben, das Studium zu wechseln. Mit diesem bewusst gewählten, klaren Ziel vor Augen fällt es viel leichter, sich die nächsten Schritte vorzunehmen, die dafür nötig sind.

Aber auch wenn kein Studienwechsel nötig ist, sondern das ferne berufliche Ziel nur in scheinbar unerreichbare Entfernung gerückt ist, hilft es, die nächsten Schritte scheibchenweise zu planen. Diese Salamitaktik sorgt dafür, dass man sich viele kleine Erfolgserlebnisse schafft. Bis Ende des nächsten Monats schreibe ich meine Semesterarbeit, danach beginne ich mit der Prüfungsvorbereitung usw. Schreiben Sie sich diese Ziele ruhig auf einen Zettel und pinnen Sie sie an die Wand. Ist etwas bewältigt, kommt ein dicker Strich durch oder ein großer Haken daran. Je mehr Striche oder Haken Sie sammeln, desto besser geht es Ihnen. Das Hochgefühl, etwas Schwieriges bewältigt zu haben, können Sie verstärken, indem Sie sich ausgiebig belohnen. Kaufen Sie sich ein Buch, das Sie schon lange haben möchten, versprechen Sie sich einen Kinobesuch, wenn Sie das Arbeitspensum erledigt haben, das Sie sich für heute vorgenommen haben. Wer sein Ziel nicht erreicht, darf sich jedoch auch nicht selbst belohnen! Sonst wird das unerwünschte Verhalten, das dem Einhalten des Arbeitsplanes im Wege steht, gestärkt. Jeder muss individuell für sich herausfinden, was kleinere und größere Belohnungen darstellen können. Beispiele sind: Stadtbummel, Shoppen, Buch kaufen, Lesen, Fernsehen, ins Kino, Theater, Konzert gehen, Essen gehen, Friseur, Wellness, Urlaub, Ausschlafen, Ausflüge u. v. a.

Wer herausfinden möchte, wie er sich gut motivieren kann, sollte zunächst fragen, was er tun kann, um sich optimal zu demotivieren. Das klingt fatal, erhellt aber schonungslos die Strategien und Mechanismen, mit denen man sich vom Lernen abhält. Sind diese erst einmal klar, so ist es viel leichter, dagegen vorzugehen und sich mit positiven Gedanken und Belohnungen auf das Lernen vorzubereiten. Insbesondere demotivierende Gedanken verhindern jede positive Aktivität und jeden entlastenden Schritt in Richtung nächstes Ziel. Statt sich immer wieder einzureden, dass die Aufgabe sowieso nicht zu schaffen ist, sollte man sich vor Augen führen, dass jede Seite, die man liest oder schreibt, den Berg schrumpfen lässt, der vor einem liegt. Auch belastende Gedanken, die man aus der Kindheit und Jugend übernommen hat, können und müssen abgestellt werden. Sind sie nur im eigenen Kopf, kann man sie umwandeln. Setzen einen Freunde oder Eltern allerdings weiter unter Druck, hilft nur ein Gespräch und die Forderung, diese kontraproduktiven Forderungen künftig zu unterlassen.

Ein entscheidender Faktor für motiviertes Arbeiten und Lernen ist die Unterstützung durch andere. Rückhalt, Zuspruch, Lob und Rücksichtnahme etwa auf Lernzeiten tun gut und geben die Sicherheit, dass man mit seinen Problemen nicht allein ist. Auch Lerngruppen können diesen Effekt haben, zumal man sich hier unter Gleichgesinnten befindet. Lerngruppen haben den Vorteil, dass man hier zum einen seine Sorgen los wird und emotionale Unterstützung findet und zum anderen von den Mitstreitern wichtige Lerntechniken lernen kann. Wenn Lerngruppen gut organisiert sind und mit klaren Absprachen verbunden werden, fällt es in der Regel auch viel leichter, Aufgaben tatsächlich zu erfüllen. Und wenn die Motivation anfangs nur darin besteht, beim nächsten Treffen nicht als Trottel dazustehen – auch gut. Wichtig ist zunächst nur, dass man etwas tut. Die richtige Einstellung zum Lernen kommt mit den Erfolgen.

Damit die Arbeit in Lerngruppen möglichst effektiv ist, sollten ein paar einfache Regeln beachtet werden. Sie sollten möglichst klein sein, etwa aus drei bis fünf Personen bestehen. Bei zu großen Gruppen sind immer Teilnehmer dabei, die in der Masse untertauchen und nur partizipieren wollen. Der Wissensstand der Mitglieder sollte nicht zu stark voneinander abweichen, da es sich ja um eine Lern- und keine Nachhilfegruppe handeln soll. Es muss von vornherein klar sein, dass sich jeder nach seinen Möglichkeiten an der Gruppenarbeit beteiligt. Zu Beginn kann jeder Teilnehmer seine Erwartungen äußern, die dann diskutiert werden, so dass man halbwegs auf einen gemeinsamen Nenner kommt. Legen Sie bestimmte Normen fest, deren Einhaltung für das Funktionieren der Gruppe wichtig ist: Zuverlässigkeit, Disziplin usw., und zwar im Hinblick auf das Verhalten während der Treffen als auch bei der Erledigung von Aufgaben bzw. in der Vorbereitung von Treffen. Sinnvoll ist es, einen Sprecher zu benennen, der die Veranstaltung moderiert. Ohne Moderation ist es sehr schwer, effektiv zu arbeiten. Der Moderator bringt mit zielgerichteten Fragen, Zusammenfassungen etc. die Arbeit in der Gruppe voran. Wenn gewünscht, kann die Moderation von Treffen zu Treffen wechseln, damit nicht der Eindruck entsteht, ein Mitglied hätte das Sagen. Zu Beginn sollte ein Fahrplan erstellt werden, was bis wann behandelt und gelernt werden soll. Dieser Fahrplan sollte schriftlich erfasst und jedem Mitglied ausgehändigt werden. Jedes Mitglied sollte konkrete Aufgaben in Vorbereitung auf das nächste Treffen bekommen, die dann entsprechend der gemeinschaftlich festgelegten Normen auch ordentlich erledigt werden müssen. Kritik ist erlaubt, sollte aber konstruktiv sein, so dass der Kritisierte die Möglichkeit hat, sein Verhalten zu ändern und weiter in der Gruppe mitzuarbeiten. Von Zeit zu Zeit muss ein Abgleich des Lernstandes mit dem Fahrplan erfolgen. Es ist keine Schande, den Fahrplan zu ändern, wenn zwingende Gründe dafür sprechen. Allerdings muss sichergestellt sein, dass das Lernziel dennoch erreicht wird.

Welche Methoden in der Lerngruppe angewendet werden, hängt sicher vom Lernstoff ab. Vorträge, Präsentationen, Exzerpte, Diskussionsrunden, Umgang mit Einwänden, Rollenspiele, Mind-Mappings sind einige wichtige. Der Fantasie sind keine Grenzen gesetzt und natürlich darf auch der Spaß nicht fehlen. Allerdings sollte darauf geachtet werden, dass das Treffen auch wirklich dem gemeinsamen Ziel dient und nicht zur Plauderstunde verkommt. Die Arbeit mit einer Uhr hilft, die Kontrolle zu behalten. Jedes Teammitglied bekommt zum Beispiel fünf Minuten Zeit, um seine Situation zu schildern, Probleme zu erklären, Fragen zu stellen. Darauf sollten 15 Minuten folgen, in denen sich das Team mit der Lösung beschäftigt. Am Ende des Treffens sollten die Ergebnisse schriftlich festgehalten werden, weil das den Lerneffekt unterstützt und Ideen in Erinnerung bleiben. Jeder Teilnehmer des Lernteams sollte sich auf das Treffen vorbereiten. Leitfragen sind:

- Was habe ich in den letzten Wochen erreicht?
- Was hat mir Schwierigkeiten bereitet?
- Welches ist mein nächstes Ziel, meine nächste Aufgabe?
- Wie kann ich die Sache am besten angehen?
- Was hindert mich daran?
- Wo brauche ich Hilfe?

8. Burnout: Erschöpft, verbittert, ausgebrannt

„Ich fühle mich leer und ausgebrannt." Wenn dieser Satz auf Sie zutrifft, sollten die Alarmglocken schrillen. Denn das so genannte Burnout-Syndrom ist eine ernst zu nehmende Krankheit und keine Laune von Ihnen. Eine kurzzeitige Erschöpfung oder Lustlosigkeit ist sicher noch kein Burnout. Hält der Zustand aber an und kommen weitere Symptome hinzu, dann ist Hilfe erforderlich. Wenn Stress, hohe Anforderungen und Angst um Arbeitsplatzverlust dazu führen, dass Sie den beruflichen Anforderungen nicht mehr gerecht werden oder Sie nur unter Aufbietung aller Reserven durchhalten, müssen Sie innehalten. Denn: Irgendwann sind die Reserven aufgebraucht. Wer auf dem Weg in diese Sackgasse nicht rechtzeitig stoppt und umkehrt, landet unweigerlich beim Arzt.

8.1 Wie Burnout definiert werden kann

Burnout war früher ein Phänomen, das man vor allem in sozialen Berufen vorfand. Man führte die hohe emotionale Beteiligung, die in pflegenden, helfenden und im Lehrerberuf die Regel ist, als Ursache dafür an, dass Betroffene gemütsmäßig erschöpft sind, sich mehr und mehr von ihrer Aufgabe distanzieren und schließlich in ihrer Leistung nachlassen. Inzwischen finden sich Burnout-Symptome in allen gesellschaftlichen Bereichen und Berufen. Das Beschwerde- und Leidensbild ist komplex und belastet immer mehr Menschen, wird allerdings nur sehr zögerlich von der Wissenschaft und damit auch von der psychotherapeutischen Beratung beachtet. Die Auffassungen darüber, wodurch diese Krankheit ausgelöst wird, gehen daher auch noch weit auseinander. „Manche Wissenschaftler betonten Faktoren wie Mangel an Autonomie, Rollenkonflikte, zu hohe Erwartungen, Unklarheiten in den hierarchischen Strukturen, inadäquate Ziele und

Konzepte, unzureichende Unterstützung durch Vorgesetzte usw.", erklärt Professor Dr. med. Volker Faust vom Zentrum für Psychiatrie der Universität Ulm.[15] „Andere weisen vor allem auf Beziehungskonflikte hin, was dann tatsächlich Berufe mit Patienten, Kunden, Schülern usw. besonders anfällig macht. Wieder andere betonen die Diskrepanz zwischen dem anfänglich hohen Engagement („lodern"), verbunden gegebenenfalls mit irrealen persönlichen Erwartungen und der desillusionierenden Realität."

8.2 Auslöser für die innere Leere

Betroffene nennen als Auslöser für ihre Erschöpfung folgende häufige Ursachen:

- hohe Arbeitsbelastung
- schlechte Arbeitsbedingungen
- Zeitdruck oder zu großes Pensum in einem zu eng gesteckten Zeitrahmen, vor allem stoßweise
- schlechtes Betriebsklima
- wenig tragfähige Beziehungen zu den Mitarbeitern
- wachsende Verantwortung
- Nacht- und Schichtarbeit, vor allem dort, wo man sich nicht arbeitsphysiologischen Erkenntnissen anpassen will oder kann
- unzulängliche materielle Ausstattung des Arbeitsplatzes
- schlechte Kommunikation unter allen Beteiligten (Arbeitgeber, aber auch Mitarbeiter untereinander)
- zu geringe Unterstützung durch den Vorgesetzten
- wachsende Komplexität und Unüberschaubarkeit der Arbeitsabläufe und -zusammenhänge
- unzureichender Einfluss auf die Arbeitsorganisation
- Hierarchieprobleme
- Verwaltungszwänge

---

15 www.psychosoziale-gesundheit.net

- Verordnungsflut (gestern neu, heute zurückgenommen, morgen modifiziert usw.)
- Termin- und Zeitnot
- unpersönliches, bedrückendes oder intrigenbelastetes Arbeitsklima, Mobbing
- ständige organisatorische Umstellungen, ohne die Betroffenen in Planung und Entscheidung einzubeziehen, bei Misserfolgen aber verantwortlich zu machen
- zunehmende, immer neue und vor allem rasch wechselnde Anforderungen; zuletzt die wachsende Angst vor Arbeitsplatzverlust u. a. m.

Allerdings sind diese äußeren Faktoren immer nur eine Seite der Medaille, wie Professor Faust betont. Daneben spielen immer auch die eigenen geistigen, seelischen und körperlichen Grenzen eine Rolle, also die Art und Weise, wie Anforderungen gewertet und erfahren werden. „Das ist nicht sehr populär", macht der Psychiater deutlich. „Hinsichtlich der äußeren Belastungen sind alle einer Meinung, während man sich innerseelische und psychosoziale Schwachstellen nur bei anderen vorstellen kann. Und doch spielen meist beide Aspekte eine Rolle. Dabei ist es im innerseelischen Bereich zuerst einmal ein Faktor, der im Grunde nur Gutes verheißt: Einsatz, Initiative, Engagement, ja ÜberEngagement. Das aber schließt auch die Gefahr von Überforderung und Erschöpfung mit ein."

8.3 Wer besonders gefährdet ist

Oft sind Menschen betroffen, die einen ausgeprägten Leistungswillen, Idealismus und Verantwortungsbereitschaft mitbringen und dann verbittert feststellen, dass der Arbeitsalltag diesen Maßstäben nicht standhalten kann, dass Anerkennung und Erfolg ausbleiben oder doch zumindest nicht in der erwarteten Art und Weise eintreffen. Berufliche Misserfolge werden als Kränkung und als persönliche Niederlage gewertet, die das Selbstwertgefühl auf Dauer beeinträchtigen, die Kommunikation zu Kollegen und Freunden stören und schließlich zu einbrechenden Leistungen, Angst, Depression und Erschöpfung führen. Nicht selten spielen Versuche eine Rolle, das Problem mit Alkohol, Tabletten oder Drogen in den Griff zu bekommen, was die Talfahrt natürlich nur beschleunigt. Das Ende dieses Weges mündet schließlich in ernst zu nehmenden körperlichen Beschwerden. Eine andere gefährdete Gruppe sind Menschen mit einem starken Geltungsbedürfnis. Sie sind von Lob, Ruhm und öffentlicher Aufmerksamkeit abhängig. Wenn – was die Regel ist – dieses Feedback ausbleibt, verstärken diese Menschen ihre Bemühungen um Anerkennung, was nicht nur als süchtiges Fehlverhalten definiert wird, sondern ebenso direkt ins Burnout führen kann.

Die Phasen des Burnouts

■ Im Prinzip beginnt der Prozess positiv – meist mit überdurchschnittlichem Engagement. Wer ausbrennt, hat vorher meist lichterloh für seinen Job gebrannt bzw. ist mit unrealistischen Zielen in seine Arbeit gestartet.

■ In diesem anfänglichen Zustand der Euphorie wird häufig zu viel und zu lange gearbeitet, werden Misserfolge ignoriert, und erste Anzeichen von Ermüdung fallen dem übervollen Terminkalender zum Opfer.

■ Langsam wird aus Müdigkeit chronische Erschöpfung, die nicht selten damit einhergeht, dass man schlecht schläft, tagsüber schlapp, gereizt und unaufmerksam ist und zu den Menschen der beruflichen Umgebung eine ungesunde Distanz aufbaut. Der Idealismus und die Hingabe zum Job schwinden immer mehr, die tägliche Arbeit ist nur noch belastend.

■ Wer die Schuld für diese unbefriedigende Situation in der eigenen Person vermutet, zwingt sich vielleicht zu höheren Leistungen. Aber natürlich ist das ein Teufelskreis, der nur zu immer größerer Leere führt. Betroffene, die die Schuld in ihrer Umgebung suchen, reagieren aggressiv oder mit ständigen Nörgeleien, werden unbeliebt und isolieren sich mehr und mehr. Auch in der Partnerschaft kann es zu handfesten Konflikten kommen.

■ Schließlich reagiert der Körper mit ernsthaften Beschwerden auf diese ständige Überlastungssituation. Fehlende Konzentration und mangelnde Ausdauer führen dazu, dass Fehler gemacht werden, die Leistung im Beruf lässt objektiv nach. Mancher entwickelt eine Depression, andere eher körperliche Beschwerden wie Schlafstörungen, sexuelle Probleme, erhöhter Blutdruck, Kopf- und Rückenschmerzen, Tinnitus, nervöse Tics, Herz- und Magen-Darm-Probleme. Das Immunsystem ist nun geschwächt, Infektionen sind die Folge. Häufig ändern sich die Essgewohnheiten und lassen das Gewicht steigen oder sinken. Nikotin, Alkohol und andere Drogen strapazieren zusätzlich die angeschlagene Gesundheit.

■ In dieser Situation ist ein normales Arbeitsleben kaum noch möglich. Hobbys verlieren vollkommen an Bedeutung, Familie und Partnerschaft sind von Krisen gekennzeichnet. Ein soziales Leben, wie Besuch von Freunden, findet nicht mehr statt. Folge sind die totale Einsamkeit und eine abgrundtiefe, lebensbedrohliche Verzweiflung. Das Leben verliert zunehmend seinen Sinn und Suizid-Gedanken bestimmen häufig die Fantasie.

Wem es bereits so schlecht geht, der muss sich dringend in ärztliche Behandlung begeben! Der Hausarzt wird in schweren Fällen eine Einweisung in eine Klinik veranlassen oder zum Neurologen überweisen. In den meisten Fällen kann ein geeigneter Psychotherapeut helfen, der über die Krankenkasse zu erfahren ist.

Berichte über vom Burnout Betroffene[16]

Dagmar ist Inhaberin einer Teestube am Essener Stadtwald. Vor fünf Jahren hat die ehemalige Notariats- und Rechtsanwaltsgehilfin sich den Traum von einer gemütlichen Teestube erfüllt. Alle Kuchen sind hausgemacht, jedes Essen wird frisch zubereitet. Mehr als vier Jahre hat Dagmar sieben Tage pro Woche gearbeitet. Oft stand sie schon morgens um 4 Uhr in ihrer winzigen Küche, um Hochzeitstorten oder andere große Bestellungen fertig zu machen. Ab 9 Uhr war dann die Teestube geöffnet. Dagmar fühlte sich für alles in ihrem kleinen, aber arbeitsintensiven Betrieb zuständig. Sie hatte das Gefühl, unentbehrlich zu sein, alles kontrollieren zu müssen. Ohne sie, dachte Dagmar, läuft der Laden nicht. Bis sie eines Tages nicht mehr konnte. Bis zum Schluss hat Dagmar versucht, die Fassade der tüchtigen Selbstständigen zu wahren. Aber am Ende spielten Körper und Seele nicht mehr mit. Ein dreimonatiger Aufenthalt in der medizinisch-psychosomatischen Klinik im nordhessischen Bad Arolsen hat ihr schließlich geholfen. Erst hatte sie sich vehement gegen die Klinik gewehrt, fühlte sich abgeschoben. Heute sagt sie: „Es war meine Rettung. Ich habe nur noch funktioniert, mich für gar nichts anderes mehr interessiert. Meine totale Erschöpfung wollte ich nicht wahrhaben." Dort sei sie endlich zur Ruhe gekommen. Heute geht es Dagmar wesentlich besser. Vor allem hat sie in ihrem Alltag eine Menge geändert. Sie hat gelernt, Arbeit zu delegieren, nimmt sich regelmäßig frei und spielt wieder Orgel. Das alte Hobby war ganz auf der Strecke geblieben. Außerdem verbringt sie wesentlich mehr Zeit mit ihrem Mann und ihrer Familie. Dagmars Mann ist glücklich, dass seine Frau wieder am Leben teilnimmt und ihre Ehe eine neue Perspektive bekommen hat.

---

16 Quelle: Marion Schmidt, WDR-Servicezeit „Gesundheit"

Marijke ist Sonderschullehrerin. Auch sie war in der psychoso-matischen Klinik in Bad Arolsen, in der viele Burnout-Patienten behandelt werden. Ihren Beruf als Lehrerin hat die Mutter von drei Kindern 21 Jahre lang mit dem größtmöglichen Engagement ausgeübt. Allen und allem wollte sie gerecht werden: den behin-derten Schülern, den Eltern und dem Schulbetrieb. Die Arbeit mit den Kindern mache ihr wahnsinnigen Spaß, sagte sie immer und wollte nicht wahrhaben, wie sehr der Beruf sie aufzehrt.

Irgendwann konnte sie kaum noch schlafen, wurde von schreck-lichen Albträumen geplagt. Schwere Migräneattacken häuften sich und ihre Schwindelanfälle waren manchmal so heftig, dass sie sich nicht auf den Beinen halten konnte. Als schließlich eine „Hyperakusis" (eine extreme Geräuschempfindlichkeit) dazu-kam, wurde sie krankgeschrieben. Die laute, hektische Klasse zu unterrichten, war mit einer Hyperakusis undenkbar. Zu Hause konnte Marijke nicht mal mehr das Rascheln von Papier ertra-gen, wenn ihr Mann Zeitung las. Sie versucht, ganz langsam wieder in ihren Alltag zurückzufinden. Nach und nach wird ihr klar, wie sehr sie sich seit Jahren überfordert hat. Sie spürt, dass ihr Akku völlig leergelaufen ist, und weiß noch gar nicht, wie es weitergehen soll – ob sie je wieder zu ihrer früheren Belastbarkeit zurückfinden wird.

8.4 Auswege aus dem Abwärtsstrudel

Besser ist es, bereits bei ersten Anzeichen die Notbremse zu ziehen. Das Problem besteht darin, dass die Symptome vielsagend sind und im Einzelnen wenig aussagekräftig, wie Professor Faust betont. Viele psychische Krankheiten beginnen ähnlich und wenn der Zustand als bedrohlich empfunden wird, ist es meist schon zu spät, um aus eigener Kraft umkehren zu können. „Der erste Schritt ist eine gründ-liche Situationsanalyse. Es ist erstaunlich, wie lange sich viele Men-schen ausgebrannt dahinschleppen, ohne über mögliche Ursachen realistisch und objektiv nachgedacht zu haben. Offenbar kann man sich selbst am besten täuschen. Zusammengefasst heißt das: Welche Umweltbedingungen sind belastend? Welche eigenen Bedürfnisse und Ziele wurden vernachlässigt, welche Fähigkeiten blieben unterentwickelt? Welche Vorstellungen sind unrealistisch, welche Glaubenssätze und Denkmuster dysfunktional, welche Informationen fehlen und wo lässt sich mit dem besten Aufwand/Nutzenverhältnis etwas ändern – vor allem ein Stück Autonomie, also Freiheit für sich selber wiedergewinnen?", rät Faust. Im Einzelnen bedeutet das:

- Den beruflichen Einsatz überdenken und dosieren. Wer sich anfangs unangemessen engagiert oder unrealistischen Zielen hinterherrennt, brennt zwangsläufig irgendwann aus.

- Nach beruflichen Alternativen suchen. Oft ist der erlernte Beruf oder die ausgeübte Tätigkeit schuld daran, dass die Unzufriedenheit mit der Situation wächst. Das kann dazu führen, sich im Unternehmen nach einer anderen Arbeit umzusehen oder sich komplett umzuorientieren. In dieser extremen Situation ist es gut, wenn man sich bereits im Vorfeld überlegt hat, wohin die Reise beruflich gehen kann. Wer in früheren Zeiten etwa über eine Fern- oder Abendschule bereits einen anderen Abschluss gemacht hat, kann beispielsweise sofort beginnen, die Wende einzuleiten. Ansonsten gilt es jetzt, sich auf die eigenen beruflichen Fähigkeiten zu besinnen, eventuell eine Weiterbildung zu starten und sich gezielt um eine andere Arbeit zu kümmern.

- Die Ansprüche an sich selbst herunterschrauben. Wer von sich selbst immer Höchstleistungen erwartet und dies mit enormem Zeit- und Krafteinsatz erzwingen will, braucht sich über Erschöpfung nicht zu wundern. Auch Selbstüberschätzung, was geistige, körperliche und seelische Leistungsfähigkeit betrifft, führt zu überhöhten Anforderungen an die eigene Person. Hier hilft eine schonungslose Selbstanalyse: „Ich bin nicht das Genie, das ich immer sein wollte. Ich bin ein normaler Mensch, der mit angemessenem Aufwand gute Leistungen erbringt."

■ Ausreichend für Regeneration der Kräfte sorgen. Das klingt banal, wird aber von vielen Burnout-Bedrohten missachtet. Wichtig ist zum einen ausreichend Schlaf. Das Quantum an Schlaf, das man bekommt, darf sich nicht nach äußeren Zwängen richten, sondern wird vom Körper diktiert. Daneben sollten Freizeit und Urlaub wirklich zur Erholung genutzt werden. Gesellschaftliche Normen, nach denen man aufregende Städte- oder Bildungsreisen machen muss, sollte man ignorieren und stattdessen einen Rückzug aus der ansonsten stressigen Arbeitsumgebung organisieren.

■ Körperliche Aktivitäten sinnvoll wählen. Sportliche Betätigung, vor allem in Trend-Sportarten, ist derzeit „in". Dabei braucht der Körper keine zeitweise und dann vielleicht extreme Anstrengung zum Regenieren, sondern regelmäßige Betätigung in vernünftigem Maß. Tägliche Fußmärsche bei Tageslicht und am besten im Wald, Gartenarbeit, Fahrradfahren, Schwimmen und Gymnastik tun Körper, Geist und Seele gut und verstärken nicht zusätzlich den Leistungsdruck.

■ Gesund ernähren. Auch eine Binsenweisheit, aber längst nicht von der Mehrheit der Menschen angewandt. Jeder weiß, dass er regelmäßig, fettarm und vitamin- und ballaststoffreich essen soll – mit der Umsetzung hapert es indes häufig. Wichtig: Mahlzeiten bewusst als Pausen nutzen und nicht nebenbei etwas in sich hineinstopfen. Auf übermäßigen Genuss von Koffein, Alkohol und Nikotin verzichten, am besten ganz.

■ Entspannungstechniken erlernen und regelmäßig anwenden. Nur wenn solche Techniken in „guten Zeiten" erlernt und ausgeübt werden, können sie in Krisenphasen wirken.

■ Ausgleich durch ein Hobby finden. Aktive, als sinnvoll empfindende Freizeitbeschäftigungen tragen wesentlich zur Regeneration bei. Getan sollte nicht werden, was gerade aktuell ist, sondern was Spaß macht und Entspannung bringt. Wer behauptet, der Beruf ist sein Hobby, ist arm dran. Denn was passiert, wenn der Beruf plötzlich keine Freude mehr bringt? Dann hat man gar keinen Ausgleich mehr.

■ Kontakte pflegen. Menschen mit großen, funktionierenden Netzwerken – Freunde, Bekannte, Nachbarn, Kollegen, Geschäftsfreunde u. Ä. – haben einen natürlichen Schutz vor Stress- und Krisensituationen, weil sie sich rechtzeitig aussprechen können und eingebunden fühlen. Allerdings neigt man im Zustand der Erschöpfung dazu, immer neue Ausreden dafür zu erfinden, dass man gerade jetzt niemanden sprechen und sehen will oder kann. Dabei wäre das Gegenteil richtig: Das Gefühl, in schwerer Zeit nicht allein zu sein, nimmt einen großen Teil der Last. Gemeinsam findet man im Übrigen auch besser einen Ausweg aus einer scheinbaren Sackgasse.

8.5 Sich eine Auszeit nehmen

Haben Sie schon einmal darüber nachgedacht, Ihrer Arbeit und vielleicht sogar Ihrem kompletten Umfeld für ein halbes oder ganzes Jahr den Rücken zu kehren? Diese Möglichkeit gibt es und immer mehr Menschen erfüllen sich den Traum: Er heißt Sabbatical. Man muss nicht erst komplett ausgebrannt sein, bevor man zu dem Entschluss kommen kann, dass eine Veränderung wünschenswert ist. Aber gerade im Zustand völliger Erschöpfung kann der Gedanke an eine längere Reise, einen Aufenthalt im Kloster oder einfach die Möglichkeit, mehr als nur drei Wochen am Stück gar nichts zu tun oder nur das, was man tatsächlich will, sehr tröstlich sein. Viele Menschen scheuen sich, diesen verständlichen Wunsch zu realisieren, weil sie glauben, nicht das Recht dazu zu haben, es dem Partner nicht erklären zu können, in finanzielle Schwierigkeiten zu geraten oder den Arbeitsplatz zu verlieren. Das alles sind verständliche und schwerwiegende Argumente, die sich aber in sehr vielen Fällen – mit der entsprechenden Vorbereitung und Planung sowie dem nötigen Rückhalt in der Familie oder im Freundeskreis – entkräften lassen.

Faktoren, die für eine Auszeit sprechen können

Was mich stört

- Dauerstress durch zu lange Arbeitszeit
- zunehmende Betriebsblindheit
- Gefühl des Ausgebranntseins, beginnende Demotivation
- Entspannungsphasen vom Job sind zu kurz
- keine Rückzugsmöglichkeit wegen ständiger Erreichbarkeit
- erste gesundheitliche Probleme
- Vernachlässigung von Freizeit-Interessen
- Vernachlässigung von Familie und Freundeskreis
- keine interessante berufliche Perspektive
- keine Zeit, um über mögliche Alternativen im Leben nachzudenken
- keine Zeit, sich wichtige Lebensträume zu erfüllen

Was ich erreichen will

- wieder Spaß an der Arbeit
- genügend Freiräume für Selbstverwirklichung außerhalb der Arbeit
- Zeit zum Nachdenken, welche Ziele ich mir im Leben stellen will
- neue Erfahrungen sammeln, die sich auch im Job auszahlen (können)
- Zeit, um sie mit Familie, Freunden usw. zu verbringen
- Zeit, um ein vergessenes Hobby wieder- oder ein neues erstmals zu entdecken
- Zeit, um mich bewusst und dauerhaft zu entspannen
- Zeit zur Muße und zum Nichtstun

Welche dieser Faktoren auf Sie zutreffen, hängt natürlich von Ihnen ab. Insofern kann Ihre Liste ganz anders aussehen. Wenn Sie alle Argumente für eine Veränderung beisammen haben, sollten Sie sich auch um die andere Seite kümmern: Was spricht dafür, alles so zu belassen, wie es ist? Auch diese Kontra-Argumente sollten Sie gewissenhaft auflisten.

Faktoren, die gegen eine Auszeit sprechen können

- finanzielle Abstriche am Einkommen sind unausbleiblich
- vermindertes Einkommen führt auch zu Abstrichen in der Sozialversicherung
- die berufliche Karriere wird unter Umständen langsamer oder anders verlaufen als geplant
- manche Kollegen bleiben skeptisch oder ablehnend
- die Auszeit kann Veränderungen in Gang setzen, an die vorher niemand gedacht hat (persönlich und beruflich)

Bedenken Sie beim Abwägen des Für und Wider die Worte, die Mark Twain gesagt hat und die heute aktueller denn je sind: „In zwanzig Jahren wirst Du mehr enttäuscht sein über die Dinge, die Du nicht getan hast als über die Dinge, die Du getan hast. Also wirf die Leinen los. Verlasse den sicheren Hafen. Lass den Passatwind in Deine Segel wehen. Erforsche. Träume. Entdecke.“

Ein generelles, gesetzlich verbrieftes Recht für alle auf ein Sabbatical gibt es hierzulande nicht. Es liegt im Ermessen des Unternehmens, bei dem man beschäftigt ist, ob es Sabbaticals für sinnvoll erachtet und entsprechend fördert. Generell stehen die Chancen bei großen Unternehmen besser als bei kleinen und mittelständischen. Aber auch dort lohnt es sich, seinen Wunsch vorzutragen. Wie das Institut der Deutschen Wirtschaft Köln gemeinsam mit dem Bundesministerium für Familie, Senioren, Frauen und Jugend (BMFSFJ) in einer Unternehmensbefragung „Unternehmensmonitor Familienfreundlichkeit“[17] herausgefunden hat, hat sich die Zahl der Unternehmen, die ein Sabbatical ermöglichen, deutlich erhöht. Waren es 2003 noch gut vier

---

17 www.erfolgsfaktor-familie.de/data/downloads/webseiten/Unternehmensmonitor%202010.pdf

Prozent, hat sich die Zahl bis zum Jahr 2009 auf über 16 Prozent erhöht, also vervierfacht. Die Berliner Firma Arbeitszeitberatung Dr. Hoff, Weidinger, Herrmann, die sich mit Formen der Arbeitszeitflexibilisierung befasst, würde allerdings aufgrund ihrer Beratungspraxis deutlich niedrigere Zahlen nennen. Jana Jelenski von der Arbeitszeitberatung spricht von maximal fünf Prozent.

Egal, ob fünf oder 16 Prozent: Die betrieblichen Angebote bleiben deutlich hinter den Wünschen der Deutschen zurück: Rund 50 Prozent würden Umfragen zufolge gern für ein halbes oder ein ganzes Jahr aussteigen. Dass es vor diesem Hintergrund immer noch relativ wenige Unternehmen sind, die tatsächlich Erfahrungen mit Sabbaticals haben, liegt aber nicht nur an den Unternehmen selbst. Es hat auch damit zu tun, dass viele Ausstiegwillige aus Angst vor beruflichen oder persönlichen Nachteilen gar nicht erst aktiv werden. Dazu Jana Jelenski von der Berliner Arbeitszeitberatung: „Unser Wirtschaftssystem ist zu großen Teilen immer noch sehr anwesenheitsorientiert. Wenn also Leistung zu einem hohen Prozentsatz daran gemessen wird, wie lange jemand an seinem Arbeitsplatz verbringt, dann kommt ein Ausstieg für viele nicht infrage – so sehr sie ihn sich auch wünschen."

Der rechtliche Rahmen für Sabbaticals wurde im Jahr 2001 mit dem Teilzeit- und Befristungsgesetz (TzBfG) geschaffen. Das Teilzeit- und Befristungsgesetz verankert einen grundsätzlichen Anspruch auf Teilzeitarbeit für Arbeitnehmer, die in einem Arbeitsverhältnis stehen (§ 8 TzBfG). Damit eröffnet sich auch die Möglichkeit, mithilfe eines Teilzeitmodells bzw. eines Arbeitszeitkontos Zeit anzusparen, die man während des Sabbaticals abfeiert.

Das Teilzeitmodell funktioniert vereinfacht ausgedrückt folgendermaßen: Sie vereinbaren für einen bestimmten Zeitraum Teilzeitarbeit mit reduziertem Gehalt, arbeiten aber tatsächlich Vollzeit. In einer zweiten Phase können Sie für das gleiche Gehalt einen längeren zusammenhängenden Freizeitblock nehmen. So verzichten Sie zum Beispiel für jeden geplanten Freizeitmonat auf ein Zwölftel des Gehaltes und können, sobald genügend Gehaltsguthaben angespart ist, Ihr Sabbatical antreten. Für vier Monate müssten Sie entsprechend vier Jahre lang auf ein Zwölftel des Jahresgehaltes oder ein Jahr lang auf ein Drittel verzichten.

Ein anderes Modell sieht vor, dass Arbeitnehmer Überstunden und Urlaubstage auf einem Langzeitarbeitskonto deponieren. Der Wert dieser Arbeitszeit wird in Zeitwertpapieren angelegt, das heißt in Fonds investiert und verzinst und kann während des Sabbatjahres entnommen werden. Das bedeutet, während des Sabbaticals werden die angesammelten Überstunden bei gleichzeitiger Bezahlung wieder abgebaut.

9. Workaholismus:
Wenn Arbeit zur Sucht wird

Workaholics sind suchtkrank. Aufmerksam geworden ist man auf diese Art der Erkrankung zuerst in Japan. 1990 erkannte das japanische Arbeitsministerium an, dass Arbeitssucht zum Tode führen kann. Karoshi, Tod durch Überarbeitung, heißt die Diagnose.

9.1 Die Arbeitswut nimmt zu

Workaholismus ist längst kein Phänomen einiger Weniger mehr. „Die Globalisierung in vielen Unternehmen führt zu einem verstärkten Arbeiten über die Zeitzonen hinweg", schreibt die Work-Life-Spezialistin Professor Dr. Ruth Stock-Homburg in der Zeitschrift „hoch3" der Technischen Universität Darmstadt vom Februar 2009. „Wachsende Anforderungen von Kunden an permanente Erreichbarkeit erhöhen darüber hinaus den Druck von Unternehmen, eine hohe personelle Verfügbarkeit zu gewährleisten. Seitens vieler Führungskräfte und Mitarbeiter erfordert dies Einschnitte in ehemals primär privat genutzte Zeitzonen sowie ein hohes Engagement über die reguläre Arbeitszeit hinaus. Diese Anforderungen tragen sicherlich wesentlich dazu bei, dass die psychischen Erkrankungen deutscher Arbeitnehmer innerhalb von sieben Jahren um mehr als 60 Prozent angestiegen sind. Eine repräsentative Befragung deutscher Manager zeigte darüber hinaus, dass rund 30 Prozent der Befragten unter Workaholismus leiden; rund 10 Prozent weisen ernsthafte Burnout-Gefährdung auf."

Auch bei uns gibt es also viele Menschen, die ihr gesamtes Selbstwertgefühl aus einem Übermaß an Arbeit und der damit zusammenhängenden vermeintlichen Anerkennung schöpfen. Schon in der Kindheit können prägende Beziehungen zu süchtigem Verhalten beitragen. So kann sich aus der übersteigerten Identifikation mit einem besonders tüchtigen und erfolgreichen Elternteil der Wunsch entwickeln, ebenso erfolgreich zu werden. Oder das Kind bekam trotz großer Anstrengungen nicht die Anerkennung, die es sich von seinen Eltern gewünscht hatte, und begann schon in frühen Jahren, dieses Defizit durch ein Mehr an Bemühungen auszugleichen. Das gesamte Leben richtet sich darauf aus, alles perfekt zu machen und stets die Bewunderung anderer zu erhalten. Versagensangst und Rollenunsicherheit kommen verstärkt hinzu. Letztendlich sind viele Workaholics Persönlichkeiten mit einem labilen Selbstwertgefühl, die darauf angewiesen sind, das Manko durch besonderen Ehrgeiz und fremde Anerkennung auszugleichen.

9.2 Die Grenze zwischen viel arbeiten und Arbeitswut

Die Unterschiede zum – gesunden – arbeitenden Menschen sind oftmals fließend: Während dieser mit der Arbeit Geld verdienen und natürlich auch anerkannt werden will, aber daneben Hobbys hat, soziale Kontakte und zwischenmenschliche Beziehungen unterhält und seine Interessen in verschiedene Richtungen lenkt, besitzt der Arbeitssüchtige dagegen nur einen wahren Lebensinhalt: seine Arbeit. Alles um ihn herum ist auf seine Arbeit hin ausgelegt, er bringt immer weniger Interesse für andere Dinge und Menschen auf. Die Folge sind soziale Isolation und Einsamkeit, was wiederum durch größere Anstrengungen ausgeglichen wird.

Erschwerend kommt hinzu, dass das unermüdliche Arbeiten am Erfolg von vielen Unternehmen und unserer Gesellschaft positiv bewertet wird. Mit ihrem überdurchschnittlichen Willen und ihrer Einsatzbereitschaft entsprechen Workaholics vielfach dem Idealbild der Führungskraft. Diese Menschen sind oftmals das Maß aller Dinge, Vorbilder für Kollegen und Mitarbeiter. Doch die Rechnung geht nicht auf. Denn: Die Dauerüberlastung und die absolute Isolation vom normalen Leben führen unweigerlich zur Katastrophe. Viele Workaholics funktionieren nämlich irgendwann aufgrund der Überbelastung nicht mehr richtig und machen Fehler. „Für einen Top-Manager ist es wichtig, im Privatleben einen Ausgleich zur beruflichen Belastung zu haben", schreibt daher Professor Stock-Homburg. „In der Unternehmenspraxis werden jedoch die wirtschaftlichen Auswirkungen einer fehlenden Work-Life-Balance von Top Managern vielfach unterschätzt. Die Kosten für den Ausfall eines Top-Managers aufgrund von Burnout bzw. Workaholismus liegen pro Jahr schätzungsweise im sechs- bis siebenstelligen Bereich!"

Man kann die Krankheit, die Frauen und Männer gleichermaßen befallen kann, in vier Stadien einteilen:

Die Stadien der Arbeitssucht

1. **Einleitungsphase:** Alle Gedanken des Arbeitssuchtgefährdeten kreisen mehr und mehr um seine Arbeit. Er beginnt heimlich zu arbeiten. Die Familie und andere soziale Beziehungen werden vernachlässigt. Nach einiger Zeit tauchen die ersten Schuldgefühle auf, man würde zu viel arbeiten.
2. **Kritische Phase:** In diesem Stadium entscheidet sich, ob die Arbeit nur übertrieben wird oder ob schon eine Sucht entsteht. Der Süchtige sucht nach Ausreden für sein Zuviel-Arbeiten, er wird gereizt und aggressiv. Seine privaten Beziehungen sind gefährdet. Seine gesamten Lebensbereiche ordnen sich der Arbeit unter.
3. **Chronische Phase:** Es zählt nur noch die Arbeit, sie gibt dem Arbeitssüchtigen die nötige Energie. Alles andere tritt zurück, es wird keine Kraft mehr dafür aufgewendet. Der Süchtige reißt durch falsch verstandenen Perfektionismus immer mehr Aufgaben an sich.
4. **Endphase:** Bedingt durch krankhafte Folgeerscheinungen kommt es bei dem Arbeitssüchtigen zu einem massiven Abfall seiner Leistungsfähigkeit. Er scheidet schon frühzeitig, meist schon Mitte 50, aus dem Berufsleben aus oder stirbt vorzeitig.

Besonders gefährdet sind Führungskräfte, die viel Raum für freie Gestaltungsmöglichkeiten im Job haben. Seltener tritt die Arbeitssucht bei Menschen mit festen Arbeitsstrukturen auf.

Workaholics haben oft

- ein geringes Selbstwertgefühl,
- eine stark leistungsorientierte Erziehung erlebt und bewerten beruflichen Erfolg über,
- den zwanghaften Ehrgeiz, zu hochgesteckte Ziele mit Perfektion erreichen zu wollen,
- einen harten, schnellen Arbeitsstil und neigen daher zu Hektik, Ruhelosigkeit, Wachsamkeit und Misstrauen,
- ein ausgeprägtes Konkurrenzverhalten, werden leicht aggressiv und feindselig gegenüber Kollegen, die vermeintlich weniger leisten, und verlieren den sozialen Rückhalt,
- den Drang nach Unabhängigkeit und Macht über andere Menschen,
- eine explosive Sprechweise und verspannte Gesichtsmuskeln,
- das Gefühl, als Einzige ständig unter dem Druck von Zeit, Erfolg und Verantwortung zu stehen.

9.3 Sich Rückzugsmöglichkeiten sichern

Die überhöhten Ziele solcher Menschen führen zwangsläufig zu permanenten Gefühlen des Versagens, wodurch das angeknackste Selbstwertgefühl weiter schwindet. Das löst einen erneuten Schub an Arbeitswut aus, wodurch sich der Teufelskreis auf höherem Niveau wiederholt.

Die Auswege aus der Krankheit sind vielfältig. Leicht gesagt, aber schwer getan ist das Setzen realistischer Ziele entsprechend der eigenen Möglichkeiten. Nicht jeder muss etwas ganz Ungewöhnliches leisten. Es hat keinen Sinn, um jeden Preis eine Aufgabe zu Ende zu bringen, mit der man überfordert ist oder die auf zu viele Widerstände trifft. Wichtig ist eine klar abgegrenzte Arbeitsaufgabe, die man durchschaut und beherrscht und innerhalb derer man sich selbstständig entwickeln kann. Da Workaholics nach fremder Anerkennung lechzen, sollten sie von Vorgesetzen und Kollegen regelmäßige Rückmeldungen einholen. Die bekommt man, auch ohne dass man sich völlig überarbeitet. Schließlich verhindern Pausen und bewusste Entspannungsphasen, dass der Motor zu heißläuft und gearbeitet wird, bis der Tank leer ist. Diese Pausen sind zudem notwendig, um die Arbeit reflektieren zu können und den nötigen Abstand zu gewinnen. Daher sollten Gefährdete versuchen, nach der Arbeit wirklich Feierabend zu machen, also sich nicht noch Arbeit mit nachhause zu nehmen, daheim vor dem Laptop zu sitzen und Mails zu checken, keine Kundengespräche mehr zu führen. Dass das nicht in jedem Fall möglich ist leuchtet ein. Dennoch ist die demonstrative Trennung von Arbeit und Freizeit der einzige Weg, um nicht in die Abseitsfalle zu geraten und damit unweigerlich im Burnout zu landen.

10. Mobbing: Die Kollegen machen mich fertig

Wie entsteht Mobbing? Es wächst besonders üppig auf einem Boden, der aus Stress, Über- oder Unterforderung, unklaren Regeln und ungelösten Konflikten besteht. Als Mobbing-Opfer werden meist Personen ausgesucht, die sich nicht oder schlecht wehren können. Sei es, dass man in einer persönlichen Krise steckt und nicht die Kraft hat, den „ganz normalen" Sticheleien unter Kollegen standzuhalten. Auch Personen, die „anders" sind – Ausländer, Menschen mit anderen Dialekten, einem körperlichen „Makel", aber auch mit ungewohnten Ideen oder unangepasstem Verhalten –, Einzelgänger ohne soziales Netzwerk oder neue Kollegen, die als Konkurrenz empfunden werden, sind perfekte Mobbing-Opfer. Zudem ist Mobbing auch eine Frage der Bewertung: Was der eine als belanglos abtut, ist für den anderen bereits eine persönliche Katastrophe. Achtung: In den meisten Fällen sind Führungsfehler des Chefs Auslöser, zumindest aber Unterstützer für unfaires Verhalten anderen Kollegen gegenüber. Wer vielleicht mit den bösartigen Gerüchten, die er über andere Mitarbeiter in die Welt setzt, auch noch Erfolg hat, fühlt sich in seinem Verhalten bestätigt – und macht garantiert weiter.

10.1 Wie Mobbing entsteht

Für den Betreffenden ist lange nicht klar, was eigentlich nicht stimmt. Die Veränderungen im Verhalten der Kollegen vollziehen sich schleichend, oft liegen die Gründe für das zunehmend aggressiver oder auch hinterhältiger werdende Auftreten der anderen völlig im Dunkeln. Er sucht die Schuld bei sich selbst, was dem ohnehin angekratzten Selbstwertgefühl weiter abträglich ist. Wie in jeder anderen extremen Stresssituation beginnt auch beim Mobbing eine Spirale aus Niedergeschlagenheit und dem verzweifelten Versuch, die Situation zu ändern, was meist nicht gelingt und das Unwohlsein entsprechend steigert. Vielfach beginnt Mobbing bereits im Schulalter.

Bericht eines jugendlichen Mobbingopfers[18]

„Ein Außenseiter war ich eigentlich schon immer. Mein Vater ist ein Alkoholiker und meine Mutter wurde von ihm immer geschlagen, irgendwann verließ sie ihn dann.

Ich habe noch zwei weitere Geschwister, einen Bruder und eine Schwester. Mein Bruder hat einen anderen Vater als meine Schwester und ich. Als meine Oma und mein Opa bei einem Unfall ums Leben kamen, zogen wir in ihre Wohnung. Bald darauf lernte meine Mutter einen neuen Mann kennen, der auch drei Kinder hatte und zusammen haben sie noch eins bekommen. Wir verstanden uns gut.

Ich hatte damals nicht sehr viele Freunde, denn ich war sehr ruhig und fing immer schnell an zu heulen. Meine Mum musste oft mit in der Klasse sitzen, weil ich vor meinem Lehrer Angst hatte. Dieser Lehrer konnte mich nicht gerade gut leiden und brüllte mich immer an, sodass ich oft so tat, als wenn ich krank wäre, und habe oft geschwänzt.

Eine gute Freundin hatte ich mal, aber ihre Mutter verbot ihr, mit mir zu spielen, da ich kein guter Umgang für sie war. Außerdem waren wir nicht gerade die reichsten und deswegen wollten viele lieber Abstand von mir. So war das in der Grundschule, in der Realschule war es schon viel besser, obwohl ich nur zwei Jahre da war. Ich hatte psychische Probleme und war deswegen im Krankenhaus, drei Monate lang. Ich war Bettnässerin und hatte auch Magersucht. Ich habe Therapien gemacht und durfte nur ein Wochenende in zwei Wochen nach Hause.

---

18 www.schueler-mobbing.de

Die Therapie hat mich wieder stärker gemacht. Seitdem geht es mir besser, ich wurde nicht mehr gemobbt und habe Freunde gefunden. Als ich am Gymnasium war, war es am Anfang richtig toll, doch dann war ein Mädchen so sehr auf mich eifersüchtig, dass sie Lügen erzählte, und alles fing von Neuem an. Ich wurde noch mehr gemobbt und wollte mich sogar umbringen. Nach einem Jahr wurde ich so sehr gemobbt, dass es für mich schwer war, mich wieder einzugliedern. In letzter Zeit lassen sie mich wieder Ruhe, aber es ist schwer, mit diesen Leuten zu reden, da ich einfach viel zu viel Angst hab, dass es wieder los geht. Ich habe doch gar nichts getan, warum machen sie denn dann so was?"

Folgende Phasen durchlaufen Mobbingprozesse:[19]

Am Beginn von Mobbing steht ein Konflikt, der auf ganz verschiedene Weise geklärt werden kann. Entweder finden die Beteiligten eine Lösung, so dass die Sache geklärt ist. Auch ein Machtkampf, in dem eine Partei siegt und eine unterliegt, ist denkbar. Aus dieser Konstellation heraus oder auch dann, wenn Konflikte gar nicht offen ausbrechen und unterschwellig schwelen, kann Mobbing entstehen. Immer dann, wenn niemand da ist, der sich offensiv um das Problem kümmert – ein Beteiligter, ein Außenstehender oder der Chef – kann aus dem ungelösten Konflikt Mobbing entstehen. Das Kuriose oder Tragische daran ist, dass im Laufe der Entwicklung der ursprüngliche Konflikt immer mehr in den Hintergrund tritt. Aus dem ursprünglich mehr oder weniger sachlichen Konflikt wird eine persönliche Auseinandersetzung.

Zielscheibe ist ab jetzt die Person des Betroffenen selbst. Die Beteiligten denken sich Handlungen aus, um ihr zu schaden. Die Kommunikation wird eingestellt, die Arbeit wird ihr erschwert, es werden Gerüchte verbreitet usw. In dieser zweiten Phase des Mobbing-Prozesses verändert sich der Gemobbte auf erschreckende Weise. Innerhalb

---

[19] www.dgb.de

kurzer Zeit wird aus einem ehemals beliebten und geachteten, zumindest aber fair behandelten Kollegen ein totaler Außenseiter, von dem sich meist auch völlig unbeteiligte Kollegen distanzieren. Die Opfer reagieren ganz unterschiedlich. Manche werden mürrisch, unfreundlich, misstrauisch, vielleicht sogar aggressiv. Andere leiden eher still und wirken den ganzen Tag bedrückt.

Diese Reaktionen sind ganz normal, wenn sie kurzzeitig direkt nach einem Konflikt auftreten. Bekommt der Psychoterror aber Methode und hält an, dann kommt es sehr schnell zu ernsten Störungen zwischen Opfer und Umfeld. Die Verunsicherung geht so weit, dass keine normale Kommunikation zu anderen Kollegen mehr möglich ist, Kollegen sich ihrerseits immer mehr von dem Ausgestoßenen zurückziehen, zum Teil, weil er sich tatsächlich schon so weit verändert hat, dass eine Barriere entsteht. Die Situation ist jetzt in der Regel schon so verhärtet, dass der Betroffene bereits keinen Ausweg mehr sieht und nicht mehr aus eigener Kraft aus dem tiefen Loch herauskommt, in dem er sich befindet.

In der dritten Phase wird das Mobbing-Opfer mit arbeitsrechtlichen Maßnahmen konfrontiert. Es ist zu einem Problemmitarbeiter geworden, der häufig unkonzentriert ist, dem Fehler unterlaufen und der aufgrund der zunehmenden psychosomatischen Beschwerden – Magen, Darm, Herz, Kreislauf usw. – häufig fehlt. Der Vorgesetzte, dem die Ursachen des veränderten Verhaltens seines Mitarbeiters nicht klar sind, muss reagieren. Rügen und im Wiederholungsfall auch Abmahnungen folgen. „Die vielen Ungerechtigkeiten, die in dieser Mobbing-Phase geschehen, sind so haarsträubend, dass sie fast unglaubwürdig erscheinen", ist beim Deutschen Gewerkschaftsbund (DGB)[20] zu lesen. „Schließlich leben wir in einem Rechtsstaat, und auch der Umgang zwischen Arbeitgeber und Arbeitnehmer ist vielfältig rechtlich geregelt. Allerdings ist das Rechtssystem ein starres, auf Normen beruhe ndes System, und für so schwierige und vielschich-

---

20 www.dgb.de

tige soziale Problemsituationen wie Mobbing ist eine Klärung durch das Arbeitsrecht nicht zu erwarten. Viele Mobbing-Handlungen sind überhaupt nicht in einem Arbeitsgerichtsprozess ansprechbar, weil sie entweder nicht beweisbar sind oder nicht als Beleidigung oder Verleumdung im Sinne des Strafgesetzbuches gelten."

Besonders schlimm für den Betroffenen ist, dass selbst Versetzungen keine Erleichterung bringen, da ihm der Ruf vorauseilt schwierig zu sein und Probleme zu machen. So wird er auch in einer anderen Abteilung mit Vorurteilen aufgenommen, wodurch die Saat für neue Mobbingattacken bereits gelegt ist. Extreme Mobbing-Fälle dieser Art münden fast immer in einer Beendigung des Arbeitsverhältnisses. Entweder die Gemobbten kündigen selbst, weil sie einfach keine Kraft mehr haben, oder ihnen wird gekündigt, weil sie tatsächlich Fehler gemacht haben. Anderen wird ein Aufhebungsvertrag angeboten, in den sie schließlich einwilligen. Nicht wenige leiden unter so starken psychischen oder psychosomatischen Beschwerden, dass sie auf Dauer krankgeschrieben werden und schließlich Erwerbsunfähigkeits-Rente erhalten.

Dass Mobbing nicht als etwas abgetan werden kann, um das sich der Chef nicht weiter kümmern muss, sagt schon die Wortbedeutung, die aus dem Englischen to mob „anpöbeln, angreifen, bedrängen, über jemanden herfallen" herrührt. Und genau so geht es dem Gemobbten auch. Vielfach fühlt er sich zudem allein gelassen, auch vom Chef, und in eine hoffnungslose Lage gedrängt, aus der häufig kein Ausweg gesehen wird. Krankheiten, Leistungsabfall und Isolation lassen nicht lange auf sich warten. Die Folgen sind fatal, und zwar nicht nur für den Betroffenen: Die volkswirtschaftlichen Schäden durch Mobbing werden deutschlandweit – durch unterschiedliche Quellen – auf 15 bis 40 Milliarden Euro jährlich beziffert. Rund 1,5 Millionen Menschen erleben jeden Tag in der Bundesrepublik Psychoterror am Arbeitsplatz. Viele dieser Betroffenen, aber auch Vorgesetzte und Kollegen stehen oftmals hilflos vor diesem Problem.

10.2 Ursachen von Mobbing

Ab wann spricht man von Mobbing? Laut der Gesellschaft gegen psychosozialen Stress und Mobbing[21] ist Mobbing

- eine konfliktbelastete Kommunikation am Arbeitsplatz, unter Kollegen oder zwischen Vorgesetzten und Mitarbeitern.
- Dabei ist die angegriffene Person unterlegen.
- Sie wird von einer oder mehreren anderen Personen systematisch und während längerer Zeit direkt oder indirekt angegriffen.
- Ziel oder Effekt der Angriffe ist die Ausgrenzung der betroffenen Person.

Das Problem am Arbeitsplatz oder in der Schule ist: Unsere Arbeitskollegen und Mitschüler können wir uns nicht aussuchen. Eine Schulklasse oder ein Arbeitsteam ist eine willkürlich zusammengesetzte „Zwangsgemeinschaft". Man lernt und arbeitet nicht zusammen, weil man sich gern hat, sondern weil man zusammen im Auftrag des Betriebes bestimmte Aufgaben lösen oder das Klassenziel erreichen soll. Wer sich in dieser Zwangsgemeinschaft nicht wohl fühlt, kann nicht einfach gehen. Mobbing tritt daher nur selten in freiwilligen Zusammenschlüssen wie Sportvereinen oder Freizeitclubs auf, ganz einfach deshalb, weil derjenige, der sich nicht akzeptiert fühlt, sich einen anderen Verein oder ein anderes Hobby suchen kann.

Im Wesentlichen ist Mobbing auf drei Ursachen zurückzuführen[22]:

- die Organisation der Arbeit,
- das Führungsverhalten der Vorgesetzten,
- die besondere soziale Stellung der Betroffenen.

Häufig entzündet sich der Konflikt, aus dem dann später ein Mobbing-Prozess wird, an arbeitsorganisatorischen Mängeln. Typische Mängel in der Arbeitsorganisation, die als Auslöser für Mobbing wirken können, sind z. B.

---

21 Quelle: Gesellschaft gegen psychosozialen Stress und Mobbing (GpsM) e. V.
22 www.dgb.de

■ unbesetzte Stellen,

■ hoher Zeitdruck,

■ starre Hierarchie mit unsinnigen Anweisungen,

■ hohe Verantwortung bei geringem Handlungsspielraum,

■ geringe Bewertung der Tätigkeit.

Mobbing durch den Chef ist aber nur ein Teil des Problems. In einer Untersuchung der Gesellschaft gegen psychosozialen Stress und Mobbing wurde gefragt, von wem die Mobbing-Handlungen ausgehen. Dabei waren die Angreifer

■ zu 44 Prozent Kollegen,

■ zu 37 Prozent Vorgesetzte,

■ zu 10 Prozent Kollegen und Vorgesetzte und

■ zu 9 Prozent Untergebene.

10.3 Was Vorgesetzte tun können

Wenn Mobbing zwischen Kollegen auftritt, ist zuerst der Vorgesetzte gefragt. Er hat nicht nur die Weisungsbefugnis, sondern auch eine Fürsorgepflicht für alle seine Mitarbeiter. Ein guter Vorgesetzter wird schnell merken, wenn einzelne Kollegen gemobbt werden, und wird rechtzeitig eingreifen. Je früher er eingreift, umso besser sind seine Chancen, den Mobbing-Prozess schon im Ansatz zu stoppen. Wenn Sie als Chef einen Mobbingverdacht haben – ein Mitarbeiter meldet sich zum Beispiel häufig und ohne Vorwarnung krank, ist still oder arbeitet weniger erfolgreich als vorher –, dann sollten Sie zunächst mit einem offensichtlich unbeteiligten Mitarbeiter sprechen. „Sprechen Sie die gemobbte Person direkt an, wird sie auf jeden Fall abblocken und dichtmachen", weiß Konfliktberater Willi Wieland aus Kassel. Zuerst sollten Sie Informationen darüber sammeln, worum es überhaupt geht und wer beteiligt ist. Suchen Sie sich unbedingt einen neutralen Verbündeten in Ihrem Team! Erst dann führen Sie ein Gespräch mit dem Gemobbten, in dem Sie vor allem Hilfe anbieten. Die Tatsache, dass sich jemand der Sache annimmt, entlastet das Mobbing-Opfer meist schon so weit, dass es darüber reden kann.

Gut beraten sind alle Chefs, die die Kommunikation im Team in guten Zeiten so weit gefördert haben, dass Mobbing-Situationen gar nicht entstehen oder durch ein rechtzeitiges klärendes Gespräch schnell aus der Welt geschafft werden. „Ein Mobbing-Fall ist daher immer auch ein Gradmesser für das vorhandene Arbeitsklima und häufig ein Zeichen dafür, dass die gesamte Kommunikation und damit auch die Leistungsfähigkeit innerhalb des Teams gestört ist", erklärt Wieland weiter. Statt von Motivation und Kollegialität wird schließlich die gesamte Mannschaft von Neid, Misstrauen und Angst bestimmt. Niemand weiß schließlich, ob er als Nächster ausgegrenzt und tyrannisiert wird. „In einer offenen und angstfreien Arbeitsatmosphäre wird es viel seltener zu Mobbing kommen als in einem gestressten Team, in dem kein Gemeinschaftsgeist herrscht", fasst der Berater zusammen.

Neben dem Schutz des Opfers ist die Disziplinierung der Drahtzieher, aber auch der Mitläufer eine wichtige Aufgabe als Vorgesetzter. Es ist wichtig, dass Sie sich eindeutig positionieren und unmissverständlich klar machen, dass Sie kein Mobbing dulden. Eine Abmahnung, in besonders schlimmen oder wiederholten Fällen auch eine Kündigung kann stark erzieherisch wirken. Auch Gerichte stellen sich meist auf die Seite von Gemobbten, wie das folgende Beispiel zeigt: Kündigt ein Arbeitnehmer von sich aus, verhängt das Arbeitsamt normalerweise eine 12-wöchige Sperrzeit. Das tat es auch im Fall eines Buchhalters, der allerdings aus einem ganz besonderen Grund gekündigt hatte: Er war an seinem Arbeitsplatz extremen Mobbing-Attacken ausgesetzt, die zu einem gefährlichen Bluthochdruck geführt hatten, so dass die Arbeit unter diesen Umständen aus medizinscher Sicht nicht mehr vertretbar war. Da sein Arbeitgeber nicht willens war, Abhilfe zu schaffen, durfte der Mann kündigen, ohne mit einer Sperre belegt zu werden (Landessozialgericht Rheinland-Pfalz, Az: L 1 AL 110/00).

Bericht eines Mobbing-Opfers[23]

„Zum ersten Mal kam ich damit nach meiner Umschulung zur Reiseverkehrskauffrau mit Mobbing in Berührung. Nach der Umschulung arbeitete ich im Reisebüro eines großen Busreiseveranstalters. Dumm war nur, dass ich dem damaligen Büroleiter einfach hingesetzt wurde, ohne dass er eine Mitsprachemöglichkeit hatte. Das bekam ich dann auch zu spüren durch Arroganz, Ignoranz und Verweigerung von Einarbeitung. In diesem Büro war auch eine ältere Frau beschäftigt. Solange der Büroleiter das Sagen hatte, war das Arbeitsverhältnis relativ kollegial. Doch nachdem dieser gekündigt hatte, weil sein Einspruch gegen meine Anwesenheit kein Gehör fand, bekam ich die „Schrullen" der älteren Dame zu spüren, die von da an häufiger kommen musste, weil man ihr die Büroleitung übertragen hatte. Da sich hier die eigentliche Mobbing-Aktion in ihrer Empfehlung gegenüber dem Chef der Reisebüros äußerte, ich sei für dieses Büro nicht geeignet – was zu einer Kündigung innerhalb der Probezeit mit sofortiger Freistellung führte – will ich hierauf auch nicht mehr näher eingehen.

Einen Monat später hatte ich bereits eine neue Stelle in einem Vollreisebüro, das von zwei Frauen geleitet wurde. Zur gleichen Zeit fing ein junges Mädchen ihre Ausbildung dort an und wir verstanden uns auf Anhieb sehr gut. Auch mit den beiden Frauen war es während der Probezeit ein harmonisches Arbeiten mit viel Lob und Freundlichkeit. Das änderte sich aber schlagartig, nachdem ich die Probezeit überstanden hatte. Ich muss dazu sagen, dass die Büroleiterin Alkoholikerin war, die häufig angetrunken zur Arbeit oder nach der Mittagspause zurückkam. Schreien, unangemessene Schikane und Ignoranz waren von da an an der Tagesordnung. So wurde ich zum Beispiel dann, wenn ich mich an die jüngere der beiden Schwestern wenden wollte, angeschnauzt, dass ich doch sähe, sie hätte zu tun – lange bevor ich

---

23 www.mobbing-gegner.de

den Mund aufmachen konnte. Weiterhin waren es so Kleinigkeiten, wie das nicht rechtzeitige Öffnen der Eingangstür durch mich oder das zu frühe Öffnen, immer zur gleichen Uhrzeit. So wusste ich am Ende gar nicht mehr, was nun richtig ist, und wartete, bis eine der beiden die Tür aufschloss, was natürlich auch nicht richtig war.

Suchte ich nach einem Reisekatalog für einen Kunden, ohne es zu wagen, jemanden zu fragen, wurde ich angeschnauzt, was ich denn da machen würde. Einer meiner Kunden reagierte ganz toll, als sich wieder einmal eine der Schwestern in das Beratungsgespräch einmischte und mich anschnauzte, weshalb ich denn so umständlich sei. Er fragte sie, ob sie immer so mit ihren Angestellten reden würde und sie müsse sich nicht wundern, wenn ich eines Tages aufhören würde. Sie wurde puterrot und von da an noch unleidlicher.

Letztendlich gipfelte alles darin, dass ich in jeder Mittagspause heulend bei meinen Eltern saß, die in der Nähe wohnten, und mit meinen Nerven am Ende war. Dies äußerte sich darin, dass ich, als ich für eine Kundin eine Bahnverbindung aufschreiben sollte, den Kugelschreiber nicht mehr halten konnte, ohne zu zittern. Am schlimmsten war der mitleidige Blick der Kundin in mein Gesicht, das tränenüberströmt war. Als die Kundin das Geschäft wieder verlassen hatte, bat ich meine Chefin, nach Hause fahren zu dürfen – was sie mir verweigerte. Am nächsten Tag meldete ich mich krank und kündigte anschließend fristlos. Mein Arzt bescheinigte mir, dass ich in diesem Zustand dort nicht mehr arbeiten könnte, so dass ich auch keine Sperre vom Arbeitsamt erhielt.

Die sechs Monate danach waren schlimm. Ich konnte mich zu nichts aufraffen und saß oft tagelang auf meiner Couch und stierte vor mich hin. In meiner Umgebung konnte das keiner nachvollziehen und die meisten wussten auch nicht damit umzugehen. Hinterher, als es mir wieder besser ging, wurde mir berichtet, dass man geglaubt hatte, ich würde mich nur anstellen. Erst als eine Freundin mich dann besuchte, weil ihr die Sache nicht geheuer war, und sie mich in meinem Zustand sah, wurde ihr bewusst, wie schlimm es um mich stand. Sie meinte hinterher zu mir, sie hätte es richtig mit der Angst zu tun bekommen, ich könnte mir etwas antun oder durchdrehen. Auch jetzt, wo ich das schreibe, kommen mir wieder die Tränen. Ich hatte mich auch in psychotherapeutische Behandlung begeben. Das hatte es aber nicht besser gemacht – eher schlimmer. Denn die Therapeutin schaute noch gequälter drein als ich. Erst ein gemeinsamer Urlaub mit meiner Freundin in der Türkei und die Aussicht auf eine neue Stelle führten schlagartig zu einer Besserung meiner Verfassung.

Ein weiteres Mal, dass ich Mobbing erleben musste, war drei Jahre später. Ich hatte gerade eine einjährige Weiterbildung hinter mir und fing ganz neu in einem Reisebüro an. Mit zwei dort beschäftigten jungen Leuten war ich zwar schnell per Du, spürte aber sehr deutlich, dass sie mich nicht in ihrer Mitte haben wollten. Die Sitzverteilung in dem renovierten und neu eingerichteten Büro war auch dementsprechend – ich wurde abseits platziert und so, dass der Blick der Kunden nicht zuerst auf mich fiel, sondern auf die beiden. In dem Büro war ich gut zwei Jahre angestellt, durch ein Drei-Schicht-System konnte man eine Zusammenarbeit teilweise verhindern. Wir hatten einen so genannten Verkaufsförderer, der für die Reisebüros der Kette zuständig war. Wie sich hinterher herausstellte, hatte meine Kollegin ihn davon überzeugt, ich sei nicht für das Büro geeignet. Aber kündigen konnte man mir nicht, weil mir keine Nachlässigkeiten nachgesagt werden konnten. Allerdings schwanden meine Umsätze, die wir regelmäßig auflisten und an die Zentrale schicken mussten. Kunden, die ich zuvor beraten hatte und die aufgrund der unterschiedlichen Arbeitszeiten bei meiner Kollegin gebucht hatten, berichteten mir natürlich von der Buchung – wovon mir meine Kollegin aber nichts gesagt hatte. Sie hatte also den Umsatz auf ihr Konto geschrieben und das nicht nur einmal. Damit wollte sie beweisen, dass ich keine Umsätze machen würde und deshalb untragbar sei. Dann kam ihr Urlaub und ich konnte beweisen, dass alles nur fingiert war. Der Verkaufsförderer wurde durch einen anderen abgelöst und die Befürchtung, man könne mir wegen mangelnder Umsätze kündigen, war vorerst vom Tisch. Doch dann ging es erst richtig los. Es wurden mir Dienste vorgeschrieben, ohne dass ich eine Einwandmöglichkeit hatte, denn das wäre ja unkollegial. Sie sprach nicht mit mir, wenn der Kollege im Büro war, grüßte nicht und verabschiedete sich nicht. Nur wenn wir alleine im Büro waren, war es ihr wohl zu langweilig und sie ließ sich dazu herab, mit mir zu sprechen.

In der Zwischenzeit war der Kollege zum Bund eingezogen und wir bekamen für die Zeit eine neue Kollegin. Die war schon okay und ließ sich nicht auf diese Spielchen ein. Sie gab sogar zu, dass die bisherige Kollegin versuchte, mich loszuwerden – angeblich war es nichts persönliches, sie sah mich einfach nur als Eindringling in ihr eingespieltes Team, zumal ich mich mit dem Kollegen relativ gut verstand. Eines Tages kam ich dann ins Büro, die Kollegin stand mit hochrotem Kopf vor der Kundenkasse und meinte, es würde Geld fehlen. Indirekt beschuldigte sie mich sogar, das Geld genommen zu haben. Dass man sich mal verrechnen könnte bzw. falsch das Wechselgeld herausgegeben haben könnte – und auch dass ihr das hätte passieren können –, wies sie weit von sich. Es gab auch Gespräche mit dem Betriebsleiter, die immer häufiger stattfanden, angeblich, weil ich das Betriebsklima vergiften würde. Der Diebstahlsvorwurf nagte an mir, zumal ich nichts gemacht hatte. Ich wurde immer nervöser und unsicherer und machte einen Fehler nach dem anderen, so dass mir eines Tages ein Aufhebungsvertrag vorgelegt wurde. Wie dumm ich doch war, den zu unterschreiben und auf den

Druck, den man auf mich ausübte – ansonsten müsse man mir kündigen –, nachzugeben. Ich hätte sagen sollen: „Ja, dann kündigen Sie mir doch." Hinterher wurde mir bewusst, dass sie gar nichts gegen mich in der Hand hatten, sonst hätten sie mir ja ordnungsgemäß gekündigt. Beide Begebenheiten sind jetzt mehr als zehn Jahre her und immer noch nagt es an mir. Ich habe dies nie wirklich verarbeitet, nur verdrängt. In ähnlichen Situationen fange ich immer noch an zu zittern und bin immer froh, wenn mich dann niemand sieht. Ich frage mich, was Menschen davon haben, andere zu schikanieren? Gerade unter Kollegen sollte doch Einigkeit bestehen."

Professionelle Hilfe finden

Wer mit den Selbsthilfe-Tipps in diesem Buch nicht ausreichend Hilfe und Entlastung findet, sollte nicht zögern, sich an einen Fachmann zu wenden. Allerdings sieht er sich einem kaum überschaubaren Dschungel gegenüber: Es gibt Psychiater und Psychotherapeuten, Psychologen und Heilpraktiker mit unzähligen Behandlungsmethoden. Daher kann an dieser Stelle nur eine Orientierungshilfe gegeben werden.

Der Titel „Psychotherapeut" ist gesetzlich geschützt. Wer ihn führt, muss eine bestimmte Ausbildung sowie eine Zulassung haben. Grundsätzlich kann man drei Arten von Psychotherapeuten unterscheiden:

- Ärztliche Psychotherapeuten
- Psychologische Psychotherapeuten
- andere Psychotherapeuten

Ärztliche und Psychologische Psychotherapeuten haben ein abgeschlossenes Hochschulstudium absolviert, also Medizin bzw. Psychologie studiert. Danach schließt sich eine mehrjährige, berufsbegleitende Weiterbildung zum Therapeuten an. Im ärztlichen Bereich unterscheidet man darüber hinaus Psychotherapeuten und Psychiater. Ein Psychiater hat nicht unbedingt eine psychotherapeutische Ausbildung, sondern ist spezialisiert im Bereich Psychiatrie, kennt sich also vor allem in der Behandlung schwerer Persönlichkeitsstörungen und Psychosen aus und setzt dabei vorwiegend auf medikamentöse Behandlung. Manche Psychiater haben jedoch auch eine psychotherapeutische Ausbildung und bieten ambulante Psychotherapie an. Derzeit werden aber nur zwei Therapieformen von der Kassenärztlichen Vereinigung als wissenschaftlich fundiert anerkannt und werden, sofern sie von einem zugelassenen Ärztlichen oder Psychologischen Psychotherapeuten durchgeführt werden, von den gesetzlichen Krankenkassen bezahlt:

■ Psychoanalyse bzw. tiefenpsychologisch fundierte Psychotherapie und

■ Verhaltenstherapie.

Die dritte Kategorie von Psychotherapie-Anbietern ist weniger klar strukturiert. Zu ihnen gehören Psychologen mit anderen psychotherapeutischen Weiterbildungen als der zum Psychologischen Psychotherapeuten. Daneben gibt es die Gruppe der Heilpraktiker, die eine psychotherapeutische Ausbildung gemacht haben. Es können aber auch andere Berufsgruppen wie Pädagogen, Sozialarbeiter sein oder auch Menschen, die irgendeinen anderen Beruf gelernt haben und jetzt psychotherapeutisch arbeiten. In diesen Fällen sollten sich Betroffene sehr genau über den beruflichen Hintergrund informieren. Zu beachten ist ferner, dass die Behandlung beim Heilpraktiker meist selbst zu bezahlen ist.

Es gibt Hunderte von psychotherapeutischen Methoden. Sie lassen sich jedoch in fünf Hauptgruppen einteilen.

■ psychodynamische (oder psychoanalytische) Therapien
■ verhaltenstherapeutische Therapien
■ Familientherapien und systemische Therapien
■ humanistische Psychotherapien
■ transpersonale Psychotherapien

Viele Psychotherapeuten wenden eine persönliche Mischung verschiedener Methoden und Stile an, oftmals jedoch mit einer bestimmten Grundorientierung. Daher ist es sinnvoll, sich in einem Vorgespräch erläutern zu lassen, wie ein Therapeut arbeitet. Leider kann nicht generell gesagt werden, welche Therapieform für welche Störung die beste ist. So bleibt nichts anderes übrig als auszuprobieren, welche Methode am wirkungsvollsten ist. Auch Freunde und Bekannte können vielleicht helfen. Genauso wichtig ist aber die Person des Therapeuten. Denn Psychotherapie ist eine Beziehung zwischen zwei Menschen. Sie sollten sich bei einem Therapeuten sicher und respektiert fühlen. Wenn dieses Vertrauen nicht da ist, wenn ein Klient das Gefühl hat, bei diesem Therapeuten nicht alles sagen zu können, dann ist das ein ernstes Warnsignal. Die meisten Therapeuten bieten Probesitzungen an. Nach etwa zehn bis 20 Sitzungen sollte sich eine Besserung einstellen. Ansonsten handelt es sich vielleicht doch um die falsche Therapieform oder den falschen Therapeuten. Abgesehen von einer psychoanalytischen Langzeittherapie, die auf Jahre angelegt ist, dauert eine psychotherapeutische Behandlung – je nach Schwere der Störung und dem methodischen Ansatz – durchschnittlich zwischen 20 und 100 Stunden.

Adressen von Therapeuten können Sie über Ihre Krankenkasse erfahren. Auch die Kassenärztliche Bundesvereinigung (www.kbv.de) sowie die Psychotherapeutenkammern der Länder bietet auf ihren Internetseiten die Möglichkeit zur Arzt- und Therapeutensuche. Daneben gibt es weitere Suchmöglichkeiten im Internet, etwa über:

www.therapie.de

www.psychotherapiesuche.de

www.psych-info.de

Lassen Sie sich von einem anfänglichen Misserfolg nicht entmutigen. Bleiben Sie hartnäckig, bis Sie den richtigen Therapeuten gefunden haben. Der Erfolg der Therapie und letztlich die Überwindung Ihrer Probleme mit der Aussicht, wieder ein ganz normales Arbeitsleben zu führen, sind die Mühe wert!

Schlussbemerkung

Wir hoffen, dass Ihnen die Lektüre des Buches Spaß gemacht hat, auch wenn das Thema selbst keinen großen Spaßfaktor enthält. Wenn Sie sich wiedererkannt haben und einige Anregungen mitnehmen konnten, hat es sein Ziel erreicht. Natürlich ist uns klar, dass die Anforderungen der Studien- und Berufswelt ständig komplexer, unübersichtlicher und belastender werden. Daran können auch unsere Tipps leider nichts ändern. Umso wichtiger erscheint es vor diesem Hintergrund, diesen hohen Anforderungen eigene Strategien entgegenzusetzen. Strategien, die Sie mutiger, gelassener und selbstsicherer machen. Wer diesen Weg einschlägt, wird bald merken, dass Situationen, die gestern noch unüberwindlich erschienen, heute viel von ihrem Schrecken eingebüßt haben. Dafür wünschen wir Ihnen weiter viel Kraft und Zuversicht.

Index

Von Spitzensportlern lernen und jede Prüfung erfolgreich bestehen ↗

Gaby Mortan / Florian Mortan

Bestanden wird im Kopf!

Von Spitzensportlern lernen und jede Prüfung erfolgreich bestehen

2009. 184 S. Br. EUR 19,90 ISBN 978-3-8349-1579-5

Am Beispiel der sieben Sportlegenden Muhammad Ali, Steffi Graf, Hermann Maier, Jürgen Klinsmann, Franziska van Almsick, Boris Becker und Michael Schumacher lernt der Leser sieben Strategien für die erfolgreiche Prüfung kennen. Sie sind einfach umsetzbar und stehen zugleich für hocheffizientes Herausforderungsmanagement. Das Buch besticht durch seine Kürze und Übersichtlichkeit. Mit zehn Arbeitsbögen und echten Praxisbeispielen. Effizienz garantiert!

Der Inhalt

- Eine Prüfung ist nicht nur ein Test
- Sieben Spitzensportler - sieben Vorbilder
- Strategie I: Die Erkenntnis - Körper und Geist
- Strategie II: Die Zielarbeit - Das Ziel genau beschreiben
- Strategie III: Das Erfolgsbewusstsein - Die Basis Ihres Erfolgs
- Strategie IV: Die Fehleranalyse - Optimal aus Fehlern lernen
- Strategie V: Der Lerntrainingsplan - Das Unternehmen Prüfung
- Strategie VI: Die Hindernisse - Mit künftigen Problemen umgehen
- Strategie VII: Das Ziel - Die Prüfung erfolgreich bestehen
- Die besten Entspannungstechniken
- Arbeitsbögen
- Literaturverzeichnis

Die Autoren

Dr. Gaby Mortan studierte Germanistik und Psychologie. Als Trainerin ist sie auf Stressmanagement und Prüfungsangst spezialisiert.

Florian Mortan ist Diplom-Sportwissenschaftler (Deutsche Sporthochschule Köln) sowie ausgebildeter Prozess- und Outdoor-Trainer.

Mortan Training & Coaching verbindet Psychologie und Sportwissenschaft zu den erfolgreichen Seminarthemen Prüfungen und Stressmanagement. Ihre Kunden sind namhafte Firmen sowie Studenten, Schüler und Auszubildende. Mortan Training & Coaching arbeitet eng mit der IHK und verschiedenen Bildungseinrichtungen zusammen.

Einfach bestellen:
kerstin.kuchta@gwv-fachverlage.de
Telefon +49(0)611. 7878-626

Änderungen vorbehalten. Erhältlich im Buchhandel oder beim Verlag.

KOMPETENZ IN SACHEN WIRTSCHAFT

GABLER